Christel Clausnitzer

Der sichere Weg zum Traumberuf

für
Arbeitslose
Jugendliche
Unzufriedene

Clematis Verlag

Ich möchte dieses Buch
meiner Tochter Caroline widmen
und ihr für
ihre liebevolle Unterstützung
ganz herzlich danken.

Clematis Verlag KG Kirchseeon

1. Auflage 3000

Druck: Druckhaus Oberpfalz Amberg

Autorin: Christel Clausnitzer

ISBN 3-934101-74-7

Inhaltsverzeichnis

Vorwort

Mit Hilfe dieses Buches erhalten Sie nicht nur die Chance irgend einen Arbeitsplatz zu bekommen, sondern Sie werden erfahren, wie man den richtigen, den idealen, den Traumberuf findet und verwirklicht. In jedem Menschen schlummern wertvolle Talente und Fähigkeiten, die nur in die richtigen Bahnen gelenkt werden müssen. Wir sind angefüllt mit geballter schöpferischer Energie, deren enorme Kraft uns jedes Ziel und jeden Wunsch verwirklichen läßt. Wenn wir unsere Interessen, Begabungen, Ideen oder Stärken aufspüren, und sie in den Ablauf des Lebens integrieren, werden wir eine Aufgabe erfüllen, die uns Freude bereitet, der wir uns mit voller Hingabe widmen, und uns zu einem glücklichen Leben führt. Dabei geht es nicht um die Berufsbezeichnung. Jede Tätigkeit, die ein Mensch ausübt ist wichtig. Eine gute Hausfrau oder Mutter, die in diesem vielseitigen Betätigungsfeld Ihre Berufung findet, hat die gleiche Hochachtung verdient wie ein Generaldirektor oder Staatsanwalt. Entscheidend ist nur, daß wir den Beruf unserer Träume ausüben. Ein Mensch, der seinen Beruf liebt, wird seinen Platz mit voller Hingabe ausfüllen und sein Bestes geben, und so einen Beitrag zum Wohle aller leisten. Es kommt nicht auf das „Was" an, sondern auf das „Wie", wie man seine Aufgaben erledigt, und mit welcher Einstellung.

Das vorliegende Buch wird Ihnen zeigen und bewusst machen, wie wichtig, einmalig und großartig Sie sind, und wie wichtig es ist, daß Sie den Beruf auswählen, der genau Ihrem Naturell entspricht, und Ihnen ein erfülltes, frohes Leben garantiert. Jeder einzelne von Ihnen, ob jung oder alt, schwarz oder weiß, ob Arbeitgeber oder Arbeitnehmer ist ein Rädchen im Uhrwerk des Lebens. Um so mehr Rädchen ausfallen oder ihren Platz nur halbherzig ausfüllen, weil sie bei ihrer Berufswahl dem Verstand und nicht dem Herzen folgten, um so schwächer wird das Land, und Arbeitslosigkeit, sprich Armut sind die Folge. Eine Situation, deren Auswirkung schließlich alle im negativen Sinn betrifft. Gehen Sie in sich und hören Sie auf Ihre innere Stimme. Ihre verborgenen Interessen und Wünsche warten doch nur darauf endlich in Aktion treten zu dürfen, um Sie und andere Menschen glücklich zu machen.

Angesprochen sind auch ganz besonders die jungen Leute, die teils völlig verunsichert die ersten Schritte ins Ausbildungs-, Studien- oder Arbeitsleben wagen. So manch einer läßt sich in eine Rolle drängen, die absolut nicht seinen Fähigkeiten entspricht.

Der Drang, der fast jedem Kind innewohnt, nämlich kreativ zu sein, mit Begeisterung und Feuereifer Dinge zu erproben, zu experimentieren, Ideen zu verwirklichen und zu erschaffen, wird durch Zukunftsängste, Sicherheitsdenken, Marktanalysen und Statistiken im Keim erstickt. Die Freude von einst wird zu einer schweren unausweichlichen Bürde. Da wundert es natürlich nicht, daß das Wort Arbeit oder Beruf immer mehr mit unvermeidbarer Belastung, Mühe oder Anstrengung gleichgesetzt wird, anstatt mit Freiheit, Freude, und Erfüllung. Der Weg ist frei, das zu erlernen oder auszuüben was man möchte. Mit dem gleichen Feuereifer wie einst, können wir die Dinge tun, die uns Spaß machen, die ein Glücksgefühl in uns auslösen und die das Selbstwertgefühl steigern. Diese wiedergewonnenen Eigenschaften können Sie dann auch zum Wohle anderer Menschen einsetzen.

Einfach und verständlich werden Sie anhand dieses Buches lernen, Gedankenmuster zu entwickeln, die unausweichlich zu Ihrem Traumberuf und ungeahnten Möglichkeiten führen müssen. Sie sind Ihres Glückes Schmied. Entscheiden Sie sich, Ihr Leben selbst in die Hand zu nehmen. Gestalten Sie es so wie Sie es wollen. Werden Sie Architekt Ihrer eigenen Welt. Schon in der Bibel heißt es ***„Dem Herrn ist nichts unmöglich“***. Gehen Sie vorwärts und richten Sie Ihr Denken auf den idealen Beruf aus und der Traumberuf wird unweigerlich auf Sie zukommen.

Zögern Sie nicht länger, sagen Sie ja und beginnen Sie jetzt!!

Welch ein Meisterwerk ist der Mensch?
Wie edel durch Vernunft!
Wie unbegrenzt an Fähigkeiten?
In Gestalt und Bewegung
wie bedeutend und wunderwürdig,
im Handeln wie ähnlich einem Engel!
Im Begreifen wie ähnlich einem Gott!
William Shakespeare

Das erfolgreiche Leben eines berühmten Mannes

Ray Charles – König des Souls (Seele)

Ray Charles wurde vor mehr als 50 Jahren zum König des Souls ernannt, und noch heute ist er weltbekannt. Er kam aus ärmlichen Verhältnissen und schon im Kindesalter erblindete er. Aber er ließ sich von all diesen Widrigkeiten nicht beeinflussen. Da sein ganzes Interesse der Musik galt, schaffte er es, sich Kenntnisse auf dem Klavier,und anderen Musikinstrumenten anzueignen. Sein ganzes Leben widmete er der Musik. Letztendlich wurde er zum König des Souls.

Aus dem blinden, farbigen Jungen wurde ein absolutes Musikgenie und er wurde weltweit berühmt. Seine Konzerte waren immer der Inbegriff von Geben und Nehmen.

Ray Charles gab sein absolut Bestes, um seine Zuhörer glücklich zu machen. Selbst seine Blindheit hielt ihn nicht von seinem Vorhaben ab. Nichts und niemand konnte seine Entscheidung beeinflussen. Seine Entschlossenheit, sein Durchhaltevermögen und seine Bereitschaft alles zu geben, machten aus ihm einen erfolgreichen und reichen Mann. Er hatte mit vielen Schwierigkeiten zu kämpfen, aber er hat sie alle gelöst.

Das Wichtigste im Leben eines Menschen ist seinen Wunschvorstellungen treu zu bleiben, sie niemals aus den Augen zu verlieren und scheinen die Umstände auch noch so trostlos zu sein.

Es ist völlig egal wie die Ausgangslage ist. Ob wir Erfolg in unserem Leben haben, hängt nur von einem einzigen Menschen ab, und das sind wir selbst.

Menschen, die Erfolg haben, sind Menschen, die sich weigern, sich von Entmutigungen abhalten zu lassen, und die selbst dann nicht aufgeben, wenn sie auf Enttäuschungen, ausweglose Situationen oder Verzögerungen stoßen.

Ray Charles hätte wahrlich Grund genug gehabt, in Selbstmitleid zu versinken, oder dem Schicksal die Schuld zuzuweisen, doch er folgte unbeirrbar seiner inneren Stimme.

So wie er hat jeder von uns die Möglichkeit, sein Ziel oder seine Aufgabe zu finden und zu erreichen.

Merksätze:

Menschen, die Erfolg haben, sind Menschen, die sich weigern, sich von Entmutigungen abhalten zu lassen, und die nicht aufgeben, wenn sie auf Enttäuschungen, ausweglose Situationen oder Verzögerungen stoßen.

Wer einen Misserfolg nur als kleinen Umweg betrachtet, verliert nie sein Ziel aus den Augen.

Angelika Mack

Die Hautfarbe, Herkunft oder der Standort sind keineswegs ausschlaggebend dafür, ob ein Mensch in seinem Leben Erfolg oder Misserfolg erntet.

Stille Gedanken

Auch auf Sie wartet der Traumberuf

Damit das Mögliche entsteht,
muss immer wieder
das Unmögliche versucht werden.
Hermann Hesse

Ray Charles hatte von Anfang an mit drei großen Schwierigkeiten zu kämpfen, er war farbig, blind und arm. Er hat uns gezeigt, was man erreichen kann, wenn man mit Eifer und Zielstrebigkeit in seinem Leben voranschreitet, und sich weder von äußeren Umständen noch Meinungen entmutigen oder von seinem Vorhaben abbringen läßt. Auch von Rückschlägen ließ er sich nicht entmutigen.

Arbeitslosigkeit

Wenn Sie also zur Zeit arbeitslos sind, dann ist Ihre Situation in keinster Weise aussichtslos. Es gibt absolut keinen Grund für Sie an Ihrer jetzigen Lage zu verzweifeln. Denn wenn Sie die Ratschläge dieses Buches befolgen, werden Sie über kurz oder lang einen neuen Arbeitsplatz oder den idealen Traumberuf erhalten.

Sehen Sie Ihre jetzige Situation als einmalige Gelegenheit, um in aller Ruhe über Ihr Leben, Wünsche und Zukunftsvisionen nachzudenken. Vielleicht gibt es ein bestimmtes Berufsziel, das Sie schon seit Jahren anzieht, aber Sie aus unterschiedlichen Gründen nie an dessen Verwirklichung gearbeitet haben. Nutzen Sie jetzt diese kostbare Zeit, die Sie gerade ausreichend haben, um über Ihr berufliches Leben sowohl in der Vergangenheit als auch in der Zukunft eingehend nachzudenken. Es kann durchaus sein, daß Ihr ehemaliger Arbeitsplatz gar nicht Ihren wahren Fähigkeiten entsprach. Gehen Sie in sich und fragen Sie sich, wie Ihr Zukunftstraum aussehen soll. Jetzt, genau an diesem Ort wo Sie sich gerade befinden, können Sie den Plan Ihres Lebens und Ihrer Zukunft erstellen und mit dem Vorhaben beginnen.

Halten Sie sich an die Anweisungen dieses Buches und nutzen Sie die großartige Chance Ihr Leben nach Ihren Wünschen und Vorstellungen zu gestalten.

Jugend

Jeder Mensch hat eine innere Stimme, die ihm genau sagt, was das Beste für ihn ist. Doch die meisten Menschen hören sie nicht mehr. Oder sie sind durch ihre Umwelt und den Berufsalltag schon so geprägt, daß sie Meinungen von außen für ihre eigenen halten.

Sie dagegen sind jung, Ihnen steht die Welt offen. Hören Sie in sich hinein, was Sie selbst wollen, nicht die Gesellschaft, Eltern, Freunde oder Lehrer!

Planen Sie Ihre Zukunft in den schönsten Farben und stellen Sie Ihr berufliches Glück an die erste Stelle.

Folgen Sie nur Ihrem Gefühl und nicht der allgemeinen Meinung. Nur Sie selbst können wissen, was das Beste für Sie ist. Keiner wird Ihnen helfen, wenn Sie schließlich in Ihrem Beruf unzufrieden sind.

Anhand des Buches werden Sie erfahren, wie Sie Ihren Traumberuf finden und realisieren können, und wie Sie negative Charaktereigenschaften, die Sie in Ihrem Vorhaben zu behindern versuchen, ausschließen können.

Folgen Sie den Vorschlägen und Anweisungen dieses Buches und geben Sie sich die Chance, Ihren Traumberuf, unabhängig von der wirtschaftlichen Lage Ihres Landes, zu erreichen.

Unzufriedenheit

Alles, das Sie beständig in Ihrem Inneren über sich und Ihre Umwelt denken, hat Sie genau an diesen Arbeitplatz gebracht.

Wenn Sie mit Ihrer Beschäftigung unzufrieden sind, dann ist der erste Schritt die Ursachenforschung: „Welche negativen Gedanken und Verhaltensweisen sind der Grund dafür, daß Sie einer Arbeit nachgehen, die Ihnen keinen Spaß macht?“ Und die nächste Frage lautet: „Was gefällt mir nicht an meiner momentanen Beschäftigung? Was hätte ich gerne? Welche Arbeit würde mich glücklich machen und ausfüllen?“

Nutzen Sie Ihren Urlaub bzw. Ihre arbeitsfreie Zeit, um sich über diese Fragen Gedanken zu machen. Denn nur mit den richtigen Antworten können Sie anfangen, Ihre Aufmerksamkeit und Freude auf Ihren Traumberuf zu richten.

Sie werden in diesem Buch wertvolle Einsichten und Erkenntnisse über die Auswirkung negativer Gedankenmuster erhalten, und wie man das Leben in eine positive und erfreuliche Richtung lenken kann. Jeder Mensch hat die Möglichkeit seinen Traumberuf und den idealen Arbeitsplatz zu bekommen.

Das Gesetz von Ursache und Wirkung

Der Mensch ist,
was er den ganzen Tag über denkt.
Ralph Waldo Emerson

Das Gesetz von Ursache und Wirkung macht es möglich, daß jeder Mensch seinen Traumberuf verwirklichen, und sein Leben nach den eigenen Wünschen und Vorstellungen gestalten kann.

Wir Menschen sind Auserwählte unter den Bewohnern dieser Erde und haben das große Privileg erhalten, durch die

Kraft unserer Gedanken, Dinge zu erschaffen!

Diese Gabe des Kreierens und Erschaffens durch bewusste Kontrolle der Gedanken, unterscheidet uns auch vom Tier-, Pflanzen- und Mineralreich.

Das heißt also, daß wir mit der Kraft der Gedanken, Dinge und Umstände selbst erschaffen können und in keinster Weise von äußeren Umständen und Bedingungen abhängig sind. Ganz im Gegenteil, wir sind vollkommen frei, und haben es selbst in der Hand, wie unsere Zukunft aussehen soll und in welchem Beruf wir unser ganzes Sein und Können zum Ausdruck bringen wollen.

Auch in der Bibel wird auf diesen Punkt hingewiesen. Da heißt es:

„Was du dir vornehmen wirst, wird er dir gelingen lassen, und das Licht wird auf deinem Weg scheinen.“ (Hiob 22,28)

Die Kraft der Gedanken ist eine unsichtbare spirituelle Kraft, die sowohl in uns wohnt, als auch sämtliche Räume des Universums durchdringt.

Jeder Mensch arbeitet ständig, bewusst oder unbewusst mit dieser nicht greifbaren Substanz. Mit jedem Gedanken, ob er nun gut oder schlecht, aufbauend oder zerstörerisch ist, setzen wir eine Ursache, die eine entsprechende Wirkung nach sich zieht. Verweilen wir mit unseren Gedanken ständig bei der Annahme, daß unsere Entlassung nur eine Frage der Zeit ist, dann setzen wir damit eine Ursache (Gedanken), die eine Wirkung, nämlich die tatsächliche Entlassung mit sich bringen wird. Jeder Gedanke ist wie ein Same, der in die Erde gepflanzt wird, und die entsprechende Pflanze hervorbringt.

Schon in der Bibel steht „Alles was wir säen, werden wir auch ernten."

Unsere nicht sichtbaren Gedanken säen wir in der unsichtbaren Welt, und wir ernten sichtbare Ergebnisse. Wir unterliegen also dem unumstößlichen Gesetz von Ursache und Wirkung. Deshalb bringt jeder Gedanke, von dessen Wahrheit wir überzeugt sind, eine Wirkung, sprich Sichtbarwerdung, oder Manifestation hervor.

Es ist die unsichtbare Welt, in der wir zum größten Teil agieren, ob wir es glauben oder nicht. Oder können Sie Ihre Gedanken, Meinungen und Ideen, die beständig durch Ihren Kopf schwirren, sehen oder tasten? Auch Weisheit, Glück, Freude oder Frieden kann weder gemessen noch gewogen werden. Tagtäglich haben wir es mit dem Unwägbaren, dem Ungreifbaren und Unsichtbaren zu tun. Die Kraft, die Ihre Beine zum Laufen antreibt, sehen Sie nicht, ebenso wenig sehen Sie die Kraft, die Sie befähigt am Computer zu schreiben. Ihr Körper reagiert auf Ihre unsichtbaren geistigen Befehle. Erst die daraus resultierenden, sichtbar gewordenen Ergebnisse können die Sinne erfassen. In Ihrem Fall ist vielleicht die Arbeitslosigkeit, oder der falsche Beruf, das sichtbare Erscheinungsbild Ihrer vorherrschenden Denkgewohnheiten.

Ralph Waldo Emerson drückte es so aus:

„Der Mensch ist, was er den ganzen Tag über denkt."

Jeden Gedanken den Sie aufgreifen, ob er nun gut oder schlecht ist, und mit Gefühl und Glauben durchtränken, ist ein Same der im unsichtbaren Nährboden Wurzeln schlägt und früher oder später im Sichtbaren Gestalt annehmen muss.

Merksätze

Alles was der Mensch sät, wird er auch ernten.

Galater 6,7

Der Mensch ist, was er den ganzen Tag über denkt.

Ralph Waldo Emerson

Was du dir vornehmen wirst, wird er dir gelingen lassen, und das Licht wird auf deinem Wege scheinen.

Hiob 22,28

Die Kraft der Gedanken und des Glaubens

„Wahrlich ich sage Euch,
wenn jemand zu diesem Berg sagt:
Heb dich empor, und stürz dich ins Meer!,
und wenn er in seinem Herzen nicht zweifelt,
sondern glaubt, daß geschieht, was er sagt,
dann wird es geschehen."
Mark. 11,23

Stellen Sie sich vor, Sie liegen an einem sonnigen Tag am Strand. Sie spüren, wie die Sonnenstrahlen Ihre Haut erwärmen, aber Sie können sie nicht sehen. Trotzdem erkennen Sie ihre Realität an, weil Sie die Hitze spüren können.

Wir arbeiten und bewegen uns also ständig, bewusst oder unbewusst, zwischen der unsichtbaren und der sichtbaren Welt. Gedanken, Träume oder Gefühle sind weder tastbar noch sichtbar, trotzdem wird und kann auch kein Mensch leugnen, daß sie existieren.

Diese unsichtbare, für unsere äußeren Sinnesorgane nicht wahrnehmbare Welt, besteht aus einer aktiven, denkenden Kraft, die alle Räume des Universums durchdringt. Alle Dinge entströmen dieser großen Intelligenz, dieser grenzenlosen Kraft und Macht, die unsere Gedanken, Vorstellungen und Wünsche sichtbar werden läßt. Es ist unvermeidlich, daß das, was wir mit unserem ganzen Wesen denken und fühlen in Erscheinung tritt.

Auch im „Vater unser" wird klar und deutlich auf diese Tatsache hingewiesen: „Dein Wille geschehe wie im Himmel (Unsichtbaren), also auch auf Erden (Sichtbaren)."

Die Gedanken der Menschen sind in allem schöpferisch, gleichgültig ob es sich dabei um beglückende oder traurige, gute oder schlechte Gedanken handelt, sie erschaffen etwas, das im Sichtbaren erscheint. Alle Erlebnisse, Handlungen, Ereignisse und Umstände, die Sie in Ihrem Leben erfahren haben oder vorfinden werden, sind Reaktionen, bzw. Wirkungen Ihrer Gedanken, an die Sie geglaubt haben.

Der entscheidende Punkt ist also das Wissen und die Einsicht, daß wir unser bisheriges Leben selbst erschaffen haben, also selbstverantwortlich sind.

Befinden Sie sich seit Jahren an einem Arbeitsplatz, der keineswegs Ihren Wunschvorstellungen entspricht, oder gehören Sie zu den Menschen, die arbeitslos sind? Egal in welcher Situation Sie sich befinden, Sie haben sie selbst kreiert. Ihre jahrelangen Gedankenmuster haben Sie genau in diese Situation gebracht, die Sie jetzt vorfinden.

So schockierend diese Erkenntnis im ersten Moment sein mag, bietet sie doch bei näherer Betrachtung großartige Aussichten auf eine traumhafte und beglückende Zukunft. Eine Zukunft, die Sie sich nach Ihren eigenen Wünschen und Vorstellungen ausmalen, planen und verwirklichen können.

Wenn das Gesetz bei eher unerfreulichen Resultaten gewirkt hat, seien Sie versichert, daß es auch bei erfreulichen Ergebnissen Wirkung zeigt.

„Sie sind Ihres Glückes Schmied“, verrät uns schon das alte weise Sprichwort.

Die Kraft Ihrer Gedanken, verbunden mit der Kraft des Glaubens lassen jeden Wunsch in Erfüllung gehen. Aber natürlich auch Ihre Befürchtungen und Ängste, wie zum Beispiel die Angst vor Entlassung.

Durch den Glauben wird eine geistige Energie in Bewegung gesetzt, die abertausendmal stärker ist als elektrischer Strom. Diese enorme Energie läßt Umstände und Ereignisse entstehen, die der geistigen Substanz durch klare Gedanken, oder Gedankenbilder eingeprägt wurden.

Glaube ist ein Zustand der Gewissheit. Wovon Sie in Ihrem Denken absolut überzeugt sind, daran glauben Sie.

Der Glaube an diese gewaltige Kraft der Gedanken, ermöglicht es Ihnen, jeden Traum in die Realität umzusetzen und Ihr Leben nach Ihren Vorstellungen und Wünschen zu gestalten. Glauben bedeutet also nichts anderes, als davon überzeugt zu sein, daß all das, an was Sie ständig denken in Erfüllung gehen wird. Worauf auch immer Sie Ihre Aufmerksamkeit lenken und von dessen Wahrheit überzeugt sind, muß sich zwangsläufig verwirklichen. Es ist ein unumstößliches Gesetz, das Gesetz von Ursache und Wirkung.

Ein Gedanke, der sich einmal in der unsichtbaren Welt festgesetzt hat, kann solange nicht unwirksam gemacht werden, bis ein anderer ihm entgegengesetzt wird. Wenn Sie also beschlossen haben, Architekt zu werden, und an diesem Bild festhalten, dann werden Sie unweigerlich eines Tages Architekt sein. Lassen Sie es aber zu, daß sich immer wieder andere Berufswünsche in Ihr Bewußtsein drängen, und Sie von Zweifeln und Unsicherheit erfasst werden, dann werden Sie kaum erstrebenswerte Ergebnisse erzielen.

Genau so verhält es sich im Pflanzenreich. Aus einem in die Erde gepflanzten Sonnenblumenkern entwickelt sich unweigerlich eine Sonnenblume, außer der Kern wird wieder entfernt und an dessen Stelle ein Apfelkern eingegraben.

Ihre Gedanken und Ideen sind die Samen in der geistigen Welt, und der Glaube, die Überzeugung und das Festhalten an der Erfüllung des Wunsches, wird die Ergebnisse sichtbar werden lassen.

Wenn Sie sich für einen Beruf entschieden haben, daran festhalten, und von der Macht Ihrer Gedanken überzeugt sind, kann nichts in dieser Welt Ihren Glauben erschüttern. Sie werden alles erreichen, was immer Sie sich vorstellen.

In der Bibel heißt es: „***Alles worum ihr betet und bittet – glaubt nur, daß ihr es schon erhalten habt, dann wird es euch zuteil.“ Mark. 11,24***

Durch den Glauben schaffen wir eine ganz spezifische Schwingung, eine Atmosphäre um uns herum, die immer weiter wachsen wird, bis andere sie bemerken und der Fortschritt wird außerordentlich rasch sein.

Sie haben sicher schon beobachtet, wie ein Stein, der ins Wasser geworfen wurde, immer größere Kreise zieht, die sich in immer schwächer werdenden Wellen auf das Ufer zubewegen. Um so größer der Stein (der Glaube an die Erfüllung des Wunsches), um so schneller erreichen die Wellen das Ufer.

Wir können also die Kraft der Gedanken nutzen, indem wir dem schöpferischen Geist in uns eine klar definierte Vorstellung unseres Wunsches einprägen. Aus den Wunschgedanken können wir uns ein geistiges Bild kreieren, das, wenn es in unserer Vorstellungswelt fest ***verankert*** ist, zur Verwirklichung drängt. Wenn Sie Architekt werden möchten, dann stellen Sie sich vor, wie Sie in einem Raum Ihrer Wahl vor dem modernsten Zeichenbrett oder dem neuesten Computerprogramm sitzen, und mit Freude an Ihren Entwürfen arbeiten. Je klarer die Vorstellung und je stärker der Glaube, desto schneller wird sich Ihr Vorhaben verwirklichen. Das ist ein universales Gesetz. Jeden Gedanken, den Sie mit einem starken Gefühl der Erwartungsfreude verstärken und als wahr empfinden, also daran glauben, wird in Ihrem Leben in Erscheinung treten. Worauf auch immer Sie Ihre Aufmerksamkeit lenken, und von dessen Erfüllung überzeugt sind, wird und muß sich verwirklichen.

Immer wieder wird in der Bibel auf die wunderwirkende Kraft des Glaubens hingewiesen.

Wenn du könntest glauben! Alle Dinge sind möglich, dem der da glaubt. Mark.9,23.

Euch geschehe nach eurem Glauben. Matth. 9,28-30

Dein Glaube hat dir geholfen. Lukas 17,19

Dir geschehe, wie du geglaubt hast. Matth. 8,13

Sie sehen also, daß Sie in keinster Weise durch sichtbare Erscheinungen und Umstände, wie Arbeitslosigkeit, mangelnde Schulausbildung, Hautfarbe oder falschen Standort begrenzt sind, sondern völlig frei in der Gestaltung Ihres Lebens. Allein unsere Gedanken und unser Glaube sind dafür verantwortlich, welche Situation wir im äußeren vorfinden.

Seien Sie davon überzeugt und freuen Sie sich darauf, daß Sie genau den Beruf erhalten, den Sie sich wünschen, gleichgültig in welcher Lage Sie sich augenblicklich befinden.

Alles was sich bis zum heutigen Tag in Ihrem Leben ereignet hat, ist auf Ihre Gedanken und den Glauben daran, zurückzuführen.

Vergessen Sie die Vergangenheit und nutzen Sie die Chance und das neue Wissen, das Sie erhalten haben. Jetzt in diesem Augenblick entscheiden die Inhalte Ihrer Denkgewohnheiten über eine erfreuliche oder unerfreuliche Zukunft. Was auch immer Sie in diesem Moment denken wird sich früher oder später verwirklichen. Seien Sie also wachsam und lernen Sie Ihre Gedanken zu kontrollieren.

Merksätze

Jeder Gedanke bildet eine Form in der unsichtbaren Welt, die augenblicklich mit Leben erfüllt wird und nach Verwirklichung drängt.

Ein Gedanke kann solange nicht unwirksam gemacht werden, bis ein anderer ihm entgegengesetzt wird.

Ein in die Erde gepflanzter Sonnenblumenkern, wird eine Sonnenblume hervorbringen, außer er wird wieder ausgegraben und an dessen Stelle ein Apfelkern gepflanzt.

Ihre Gedanken und Ideen sind die Samen. Der Glaube und das Festhalten an diesen Gedanken wird die Ergebnisse sichtbar werden lassen.

Durch den Glauben wird eine Energie in Bewegung gesetzt, die abertausend mal stärker ist als elektrischer Strom.

Wenn du könntest glauben! Alle Dinge sind möglich dem der da glaubt.

Mark. 9,23

Glaube ist ein Zustand der Gewissheit.

Wovon Sie in Ihrem Denken absolut überzeugt sind, daran glauben Sie.

Stille Gedanken

Charaktereigenschaften als Hindernisse auf dem Weg zum Erfolg

Manches Hindernis hemmt
die Entfaltung des Geistes.
Es liegt an uns, dieses zu überwinden.
Angelika Mack

Pessimismus, Unsicherheit, Stagnation, Hoffnungslosigkeit, Haß, Schuldzuweisung, Träumerei, Ängste, Minderwertigkeit, Unentschlossenheit

Sie haben erfahren, daß die richtigen Gedanken und der Glaube es möglich machen, jedes Ziel zu erreichen. Wir müssen also unsere Aufmerksamkeit und Gefühle auf das richten, was uns wünschenswert erscheint.

Leider tragen wir oft jahrelang Gedankenmuster mit uns herum, die uns daran hindern uns neuen Veränderungen zu öffnen. Wir stecken in negativen Einstellungen und Reaktionen fest, derer wir uns meist gar nicht klar bewusst sind. Und so beschränken wir unser Leben auf ein Minimum an Erfolg und den damit verbundenen Freuden. Diese eingefahrenen Charaktereigenschaften sind es, die es verhindern, daß wir einer glücklichen Zukunft entgegen sehen.

Wenn wir über diese negativen Eigenschaften wie Pessimismus, Unsicherheit, Träumerei, Stagnation, Hoffnungslosigkeit, Minderwertigkeit, Angst, Haß, Schuldzuweisung oder Unentschlossenheit, Erkenntnis und Einsicht gewinnen, können wir daran arbeiten und sie in positive Bahnen lenken.

Affirmationen und Bachblüten helfen uns dabei unsere falschen Vorstellungen von uns und der Welt, die ein Hindernis auf dem Weg zu unserem Traumberuf darstellen, zu korrigieren.

Wenn Sie sich nun in der einen oder anderen Charakterbeschreibung, die den jeweiligen Bachblüten zugeordnet ist, wiederfinden, dann wiederholen Sie so oft wie möglich die angegebenen Affirmationen. Sie werden nach einer gewissen Zeit feststellen, wie sich Blockaden lösen, und das Gute und Erstrebenswerte zum Vorschein kommt. Auch die Blütenessenzen stehen Ihnen zur Verfügung um bestmögliche Ergebnisse zu erzielen.

Negative Erwartungshaltung zieht Negatives nach sich

Gentian – Enzian

Ein Pessimist findet Gefallen daran,
sich in der Auswirkung seiner eigenen
Negativität wiederzuspiegeln,
ein Optimist ist jemand, der seine inneren
Kräfte kennt,
und sich über alle Hindernisse erhebt.

Gentian - Pessimismus

Wenn Ihre Überzeugung und Ihr Glaube darin besteht, daß es für Sie keinen Arbeitsplatz, geschweige denn einen Traumberuf gibt, dann wird es auch keine Chance auf eine erfreuliche Zukunft geben. Es ist die pessimistische Erwartungshaltung, die von vorne herein jedes Projekt zum Scheitern verurteilt. Heinz Rühmann sagte: ***„Ein Pessimist ist ein Mensch, der sich über schlechte Erfahrungen freut, weil sie ihm Recht geben!"*** Wenn Sie Bewerbungsschreiben mit der festen Überzeugung einer Absage absenden, dann wird es so geschehen. Aber der Grund für diese Absagen ist nicht die schlechte Wirtschaftslage oder Ihr Alter, es ist allein Ihre Einstellung, und die Erwartung von Fehlschlägen, welche diese negativen Resultate nach sich zieht. Nach dem Gesetz von Ursache und Wirkung erschaffen wir genau das, was wir den ganzen Tag lang denken und fühlen. Wenn Sie sich die ganze Zeit nur damit beschäftigen, was die Schlagzeilen für Sie bereit halten, dann führt Ihr Weg unweigerlich in eine Sackgasse. Damit verschenken Sie Ihr Leben, das für Sie so viel Schönes und Nutzbringendes bereit hielte. Sie können Ihren Lebenstraum verwirklichen, wenn Sie Ihre Lebenseinstellung von Grund auf ändern. Wagen Sie es Wunschpläne zu schmieden, und glauben Sie an deren positiven Ausgang.

Wenn Sie trotz Ihrer neuen Einstellung Absagen bekommen, dann seien Sie versichert, daß es zu Ihrem Besten geschieht. Sie werden zum richtigen Zeitpunkt die ideale

Stellung bekommen, die wahrscheinlich schöner ist, als sie es sich erträumt haben.

Die neue Einstellung veränderte sein Leben

Ich hatte einmal einen Patienten, der absolut unzufrieden und unausgelastet in seinem Beruf war. Immer wenn ich auf das Thema Arbeit anspielte, wehrte er mit allen Regeln der Kunst ab. Er gab mir zu verstehen, daß es unmöglich für ihn sei, mit seinen 40 Jahren einen neuen Arbeitsplatz zu finden. In diesem Alter sei es aussichtslos, überhaupt noch eine Stelle zu bekommen. Außerdem sei er viel zu krank, um eine verantwortungsvolle Aufgabe zu übernehmen. Es hagelte nur so von übernommenen Medien- und Statistikaussagen. Mit Nachdruck betonte er, daß er schon einmal den Versuch gestartet hatte, ein Bewerbungsschreiben loszuschicken. Und seine Voraussagungen bestätigten sich auch wie erwartet mit Absagen.

Zwei Jahre lang behandelte ich diesen Mann mit Homöopathie und Bachblüten, und sprach mit ihm immer wieder über die Macht der Gedanken und unsere Einstellung zum Leben. Sein Gesundheitszustand so wie sein gesamtes Auftreten besserten sich in dieser Zeit ernorm. Als er wieder einmal bei mir in der Sprechstunde saß, erzählte er mir, er habe alle Zweifel und Einwände über Bord geworfen und sich vor drei Monaten bei einer großen Firma beworben. Er las in der Zeitung ein Inserat, das genau seinem Berufswunsch entsprach. Immer wieder kamen ihm meine Worte in den Sinn, daß weder das Alter noch sonstige Allgemeinaussagen von Bedeutung sind, und so entschloss er sich zu antworten. Gestern bekam er den Bescheid von der Firma, daß sie ihn als Ingenieur unter sehr vielen Bewerbern, die fast nur aus Diplomingenieuren bestanden, ausgewählt hatten. Er konnte sein Glück kaum fassen. Es erschien ihm wie ein Wunder. Aber das Wunder war nur sein verändertes Bewußtsein. Ich freute mich sehr darüber, als er mir voller Stolz und Begeisterung sein neues äußerst verantwortungsvolles Arbeitsgebiet schilderte. Dank der neuen Erkenntnisse und Einstellung meisterte er seine neue Aufgabe mit Bravour.

Der gnadenlose Pessimismus, dem viele Menschen verfallen sind, ist das größte Übel und Hindernis auf dem Weg zu einem erfolgreichen Leben. Sprechen Sie häufig die folgende Affirmation und denken Sie über das Gesetz von Ursache und Wirkung nach. Auch die Bachblüte Gentian kann Ihnen dabei behilflich sein, die ewigen Zweifel, Bedenken, Schwarzmalerei und negativen Voraussagen auszuräumen.

Um so mehr wir unsere Aufmerksamkeit auf ***negative äußere Einflüsse*** gerichtet halten, um so schwieriger wird es, am Positiven festzuhalten.

Affirmation

Ich kann alles erreichen, was ich möchte, weil ich voller Glauben und Beharrlichkeit an meiner Wunschvorstellung festhalte. Mit unerschütterlicher Zuversicht gehe ich jetzt meinem Ziel entgegen, und bin in freudiger Erwartung des Guten. Ich glaube an die Kraft meiner Gedanken und ich weiß, daß sie das hervorbringen, an das ich ständig denke.

Merksätze

Das Gesetz von Ursache und Wirkung

Wie ich in den Wald hinein rufe, so hallt es zurück.

Ich erhalte das, was ich erwarte.

Negative Erwartungshaltung zieht Negatives an, und positive Erwartungshaltung zieht Positives an.

Wir können stets nur soviel ernten, wie wir gesät haben.

Angelika Mack

Aus der Pflege glücklicher Gedanken und Gewohnheiten entsteht auch ein glückliches Leben.

Norman Vincent Peale

Stille Gedanken

Äußere Einflüsse

Es ist nicht eine blinde Macht von außen,
deren Spielball wir sind,
sondern es ist die Summe der Gaben,
Schwächen und anderer Erbschaften,
die ein Mensch mitgebracht hat.

Hermann Hesse

Es ist schon eigenartig, daß wir so wenig Vertrauen in unsere eigene Meinung und Fähigkeiten haben. Wieso glauben wir, daß andere wüssten, was richtig und gut für uns ist?

Haben Sie eigentlich schon einmal darüber nachgedacht, welch wundervolles Wesen Sie sind?

Sie haben eine eigene Individualität bekommen.
Sie sind einmalig auf dieser Welt.
Sie besitzen einen wertvollen Schatz, nämlich Ihre ureigenste Persönlichkeit.
Gott gab Ihnen ein Leben, das nur für Sie bestimmt ist; eine Seele, einen Geist und einen Körper, die alle Ihre Wünsche erfüllen können.

Gott gab Ihnen eine Aufgabe, der nur Sie allein auf Ihre Art und Weise gerecht werden können.

Er stellte Sie – das Abbild Gottes, der Liebe, Weisheit und Schönheit – auf diese Erde, um von diesen Attributen Gebrauch zu machen; um Vollkommenheit zu lernen, Wissen zu erwerben und in Glück und Frieden zu leben.

Trotzdem neigen wir dazu, uns von einer Flut von Nachrichten beeinflussen und verunsichern zu lassen. Wir können uns der ständigen Propaganda, Meinungen und den Eindrücken, die aus der Außenwelt kommen, nicht verschließen, aber es hängt immer noch von uns ab, inwieweit wir uns davon beeinflussen lassen. Ein kleiner Teil davon mag positive Anregungen beinhalten, aber das meiste, das auf uns einströmt, ist negativ und destruktiv. Wenn Sie in dieser negativen Weltsicht verhaftet bleiben und dem Einfluss des Massengeistes verfallen sind, begeben Sie sich auf einen Pfad, der nicht nur Abhängigkeit mit sich bringt, sondern auch unzählige Schwierigkeiten und Freudlosigkeit. Wir müssen lernen, diese zerstörerischen Beeinflussungen von uns zu weisen, und statt dessen unsere Aufmerksamkeit auf unser eigenes Leben, unsere Wünsche und Bedürfnisse zu legen.

Gerade jetzt in der Phase der **Arbeitslosigkeit** oder der **Berufswahl** sollten Sie sich auf sich, auf Ihr Können und Wissen besinnen und nicht mit allgemeinen Vorhersagen befassen. In Ihrer jetzigen Situation ist es reinstes Gift, sich mit den Aussagen und Vorstellungen anderer zu beschäftigen. Stellen Sie sich taub, wenn es heißt, es gibt zu wenig Stellen, Sie sind zu alt, Sie sind zu dick oder zu dünn, überqualifiziert oder unterqualifiziert oder dieser Beruf hat keine Zukunft. Stellen Sie sich taub, wenn es heißt, es gibt keine Ausbildungsplätze, die Aussichten sind schlecht, die Arbeitslosigkeit nimmt zu und die Regierung ist schuld.

Es kann durchaus sein, daß die Regierung Ihr berufliches Vorhaben besonders im Bereich der Selbständigkeit durch verschiedenste Auflagen extrem erschwert. Aber denken Sie immer daran, daß Sie in Ihrem Denken und Handeln frei sind, und selbst wenn keine Aussicht auf eine Verbesserung der Lage oder ein Regierungswechsel bevorsteht, auch das Land verlassen, und an einem anderen Ort Ihr Ziel erreichen können. Bleiben Sie Ihr eigener Herr und lassen Sie sich **nie** zum Sklaven machen.

Warum soll die Regierung einen Arbeitsplatz für Sie schaffen? Warum geben Sie die Verantwortung für sich selbst ab und machen sich abhängig? Sie sind doch völlig frei in Ihrem Denken und Ihrer Vorstellungswelt. Ihre innewohnende Kraft wird die Umstände für Sie hervorbringen, die Sie benötigen um Ihr Ziel zu erreichen, ohne dabei einem anderen Menschen zu schaden, oder etwas wegnehmen zu müssen. Stimmen Sie sich ein auf Freude, Wachstum und Lebenslust, und träumen Sie von Ihren Plänen. Sie werden

den Arbeitsplatz oder die Ausbildung bekommen, die Sie sich wünschen, wie aussichtslos die Situation im Moment auch erscheinen mag. Einzig und allein sind Ihr Vorhaben und fester Wille, freudig und aktiv am Leben teilzuhaben und mitzuwirken, von Bedeutung. Auf keinen Fall dürfen Sie Ihre Wünsche mit den Wünschen anderer verwechseln. Sie müssen Ihren Vorstellungen auf jeden Fall treu bleiben. Rücksichtnahme auf andere wäre bei dieser Entscheidung fehl am Platz und würde Ihr ganzes Zukunftsbild verzerren.

Sie haben alle Möglichkeiten der Welt, ein erfülltes Leben zu führen. Voraussetzung jedoch ist, sich von negativen Meinungen und Erfahrungen Verwandter, Bekannter und den Medien fernzuhalten. Denken Sie immer daran, Sie sind eine Persönlichkeit mit eigener Gedankenkraft, einer wahren Schatzkammer, die Ihnen jeden Wunsch erfüllen kann. Mit der Kraft in Ihrem Inneren können Sie sich über alle Hindernisse hinwegsetzen. Wenn Sie an diesem Wissen und Glauben festhalten, wird sich Ihr Traumberuf unweigerlich auf Sie zubewegen.

Warten Sie nicht länger auf eine Regierung, die für Sie denkt und die Arbeitsplätze schafft, sondern danken Sie einer Regierung, unter der sie Ihre Ziele und Vorstellungen bestmöglichst verwirklichen können. Alle Kulturen und Regierungsformen auf diesem Planeten haben sich von Epoche zu Epoche verändert, und in jedem Zeitalter läßt es sich feststellen, daß sie jeweils der inneren Entwicklung ihrer Bürger entsprechen. Wir können zu einer guten Gesellschaft und Regierung beitragen, wenn wir uns von dem göttlichen Gesetz leiten lassen, in dem wir unsere Aufgaben mit Liebe und Begeisterung und zum Wohle aller ausführen. Das Hauptmotiv jeder von uns unternommenen Handlung muß eine Bereicherung für alle Beteiligten sein. Wenn man seinen Traumberuf gefunden hat, wird man ohne Anstrengung und Mühen sein Bestes geben und somit die spirituellen Gesetze von Wachstum, Erfolg und Wohlergehen erfüllen.

Die Regierung ist immer das Spiegelbild des Massengeistes.

Überwiegt die Anschauung des Handelns, des Gebens und sich Einbringens können Sie sich auf eine Regierung freuen, die Sie in jeder Hinsicht unterstützen wird.

Folgen Sie also Ihrer inneren Stimme, und hören Sie auf, ein Sklave fehlgeleiteter Überzeugungen und falscher Ansichten zu sein. Denken Sie frei und unabhängig und lassen Sie sich von Nichts und Niemandem verunsichern oder beeinflussen.

Thomas Stearns Eliot bringt es auf den Punkt:

„Wer nicht hart genug ist, dem Leben seine Bedingungen aufzuprägen, der muß die Bedingungen hinnehmen, die es ihm bietet."

Ihre momentane Situation als Arbeitsloser, birgt die einmalige Chance in sich, nochmals genau über Ihr Leben und Ihre Zukunft nachzudenken. Ihre Seele hat sie ganz bewusst an diesen Platz und in diese Situation gebracht um Sie wach zu rütteln, damit Sie Ihr Leben selbst in die Hand nehmen und aktiv werden. Verschenken Sie nicht all die Freuden und Wohltaten, die das Leben für Sie bereit hält. Jetzt, genau an diesem Platz wo Sie sich gerade befinden, können Sie den Plan Ihres Lebens und Ihrer Zukunft erstellen und mit dem Vorhaben beginnen.

Wir bewirken Dinge durch die Kraft unserer Gedanken.

Dann können Sie sich auch den Schaden vorstellen, den Sie sich selbst zufügen, wenn Sie Ihren Verstand immer auf das gerichtet halten, was Sie eigentlich in Ihrem Leben nicht wollen.

Eine Verbesserung der Situation läßt sich nicht dadurch erzwingen, daß Sie sich über die augenblicklichen ungünstigen Arbeitsverhältnisse- oder Bedingungen ärgern oder dagegen ankämpfen. Denken Sie immer daran, daß sich für Sie nicht das Geringste ändert, wenn Sie andere Menschen oder äußere Umstände für Ihre Enttäuschungen, die Arbeitslosigkeit, den falschen Beruf, oder den Chef verantwortlich machen. Im Gegenteil, das was Sie denken, erschaffen Sie.

Wenn Sie bei der festen Überzeugung bleiben, daß es keine Arbeit für Sie gibt, wie es Ihnen in den Nachrichten ständig berichtet wird, dann machen Sie sich darauf gefasst, daß Ihr Unterbewusstsein entsprechend reagieren wird. Das heißt, es wird auch keine Arbeit für Sie geben. Die Ursache liegt aber nicht im Umfeld, den schlechten Verhältnissen, oder am Nachrichtensprecher - nein, die Ursache liegt in Ihnen selbst, in Ihren Gedanken und Vorstellungen. „Das was Sie säen, (Sprechen, Denken, Fühlen) werden Sie auch ernten," steht bereits klar und deutlich in der Bibel.

Wird Ihnen bewusst, welche verheerenden Folgen und Auswirkungen es hat, wenn Sie täglich Ihre Gedanken auf negative Schlagzeilen richten, über Missstände, Mangel und Armut nachdenken und die Schuld für Ihr eigenes Fehlverhalten bei anderen suchen?

Ändern **Sie sich** und Ihr Umfeld wird sich ändern.

Der wichtigste Punkt ist, daß Sie lernen Ihre Aufmerksamkeit auf sich selbst zu richten und herausfinden, was Ihnen wirklich Spaß machen würde. Auf welchem Gebiet sind Talente vorhanden, oder welchen „unmöglichen" Traum von Beruf wollen Sie verwirklichen? Ihre Lebensqualität wird völlig neue Dimensionen annehmen, wenn Sie sich mit dem beschäftigen, was Ihnen Freude bereitet.

Es könnte doch sein, daß sich da eine zaghafte, leise innere Stimme bemerkbar macht und flüstert: „Du wolltest doch eigentlich schon immer ...; und außerdem hätte ich dafür wirklich die besten Talente ... ach das würde mir soviel Freude bereiten …“ Doch im selben Moment, nimmt bereits die Unsicherheit und der Zweifel den Geist in Beschlag. Und obwohl man es in seinem Innersten ganz genau weiß und fühlt, beginnt man automatisch andere um Rat zu fragen, liest Unmengen von Informationen, oder läßt sich von sogenannten „erfahrenen Besserwissern“ über sämtliche Nachteile aufklären, bis man sich endlich gegen sein Gefühl entschieden hat.

Wenn diese Unsicherheit der Grund dafür ist, daß Sie an Ihrem Traumziel vorbeigehen, dann könnten Sie sich von der folgenden Bachblüte Cerato unterstützen lassen, um Ihre wahre Berufung zu finden und auszuüben.

Merksätze

Wer nicht hart genug ist, dem Leben seine Bedingungen aufzuprägen, der muß die Bedingungen hinnehmen, die es ihm bietet

T.S. Eliot

Wir bewirken Dinge durch die Kraft unserer Gedanken.

Sie können sich also den Schaden vorstellen, den Sie sich selbst zufügen, wenn Sie Ihren Verstand auf das gerichtet halten, was Sie eigentlich in Ihrem Leben vermeiden wollen.

Stille Gedanken

Lernen Sie auf Ihre innere Stimme zu hören

Cerato – Bleiwurz

Ziel eines sinnvollen Lebens ist,
den Ruf der inneren Stimme zu hören und
ihm zu folgen.
Der Weg wäre also, sich selbst erkennen,
aber nicht über sich
richten und sich ändern sollen,
sondern das Leben
möglichst der Gestalt anzunähern,
die als Ahnung in uns vorgezeichnet ist.
Hermann Hesse

Cerato - Unsicherheit

Dr. Bach hat mit Cerato eine Blume entdeckt, die den Menschen hilft, die an ihrer eigenen Urteilsfähigkeit zweifeln und ständig den Rat anderer benötigen. Cerato hilft das Selbstbewusstsein und das Vertrauen in die eigene Meinung und Intuition zu stärken. Das Wissen um uns und unsere individuelle Entwicklung ist in unserer Seele gespeichert. Sie lenkt uns und zeigt uns den richtigen Weg. Wir müssen nur still werden und jedem Hinweis nachgehen, den wir empfangen. Cerato, oder auch Bleiwurz genannt, läßt uns die Tiefen der unsichtbaren Welt erforschen, und fördert den Glauben an uns selbst.

Ihr Herkunftsland ist Tibet. Dort verzaubert sie mit ihren wunderschönen, zartblauen Blüten die steinigen und trockenen Hügel des Himalaya Gebirges in eine farbenprächtige Landschaft. Die Bleiwurz stammt also aus dem Land des Dalai Lama, der Mönche, der Meditation, Einkehr und der Hinwendung zu Gott. In den ruhigen abgeschiedenen Bergklöstern lauschen die Mönche der Tiefe ihrer Seele. Es ist ein Ort, an dem der Schwerpunkt auf das geistige Auge, auf die Verbindung mit dem universalen Geist im Innersten gerichtet ist. Unter dem Leitgedanken: „In der Stille liegt die Kraft, die Wahrheit und die Weisheit."

Robert Browing sagte: ***„Die Wahrheit ist in uns selbst; sie erfährt keine Steigerung durch äußere Dinge. In uns allen gibt es ein innerstes Zentrum, wo die Wahrheit in Fülle fortdauert."***

Auch die Farbe Blau versinnbildlicht Innenschau, Selbstbeobachtung, Inspiration, Verbindung mit dem Himmel, dem Göttlichen, Vertrauen und Glauben.

Mit Cerato wird Ihnen bewusst, welches Wissen und welche Macht in Ihnen steckt. Die innere Stimme wird Ihnen bald so glaubwürdig erscheinen, daß Sie gar nicht mehr auf die Idee kommen, andere um Rat zu fragen. Das gute und sichere Gefühl, einen hundertprozentig verläßlichen Gefährten gefunden zu haben, wird einen dauerhaften Platz einnehmen. Die unendliche Weisheit offenbart Ihnen Mittel und Wege, mit deren Hilfe Sie alles erreichen können, was Sie sich vornehmen.

Wer außer mir selbst kann wissen, was gut für mich ist?

Vor vielen Jahren kam ein junger Mann mit seit längerer Zeit bestehenden Kopf- und Augenbeschwerden in meine Praxis. Er erzählte mit wehmütiger Stimme, daß er in seinem Beruf als Jurist sehr unglücklich sei. Ursprünglich wollte er Schreiner werden, aber da er als Bester das Abitur bestanden hatte und sehr sprachgewandt ist, rieten ihm sämtliche Verwandte, Bekannte und Freunde die er fragte, zum Jurastudium. Alle Informationen, die er über diesen Beruf zusammentragen konnte, versprachen auch wirklich eine großartige Karriere. Aber sein heimlicher Wunsch war eigentlich schon immer der Beruf des Schreiners gewesen. In den Semesterferien arbeitete er stets in einer Schreinerei. Die Werkstatt hatte auf ihn eine magische Anziehung. Er liebte den Geruch und die Beschaffenheit von Holz und alle Tätigkeiten, die der Beruf so mit sich brachte. Selbst die Schleif- und Sägegeräusche klangen wie Musik in seinen Ohren.

Anstatt auf seine innere Stimme zu hören, die ihm eindeutig den Beruf des Schreiners ans Herz legte, zwang ihn seine Unsicherheit, andere Menschen nach deren Meinung zu befragen. Er gab die Verantwortung für sich selbst an andere ab und das Resultat war ein unglücklicher, mittelmäßiger Rechtsanwalt, dessen wahre berufliche Aufgabe in einem völlig anderen Bereich lag. Seine gesundheitlichen Probleme waren die Folge dieser unbefriedigenden Beschäftigung. Sein Leben machte ihm Kopfzerbrechen und er verschloss immer mehr die Augen vor der Realität.

Ich machte ihm die Ursache für seine körperlichen Beschwerden klar, und er war zu tiefst beeindruckt und sehr glücklich über die neuen Erkenntnisse. Endlich bekam er die Bestätigung, auf die er seit langem gewartet hatte. Ich verordnete ihm die Bachblüte Cerato und legte ihm die nachstehende Affirmation ans Herz.

Wenn auch Sie Unsicherheit plagt, dann nehmen Sie eine entspannte Haltung ein und sprechen so häufig wie möglich folgende Affirmation:

Affirmation

Die mir innewohnende unendliche Weisheit, offenbart mir alles was ich wissen muß. Ich höre auf meine innere Stimme, und handle danach. Nur ich weiß, was gut für mich ist. Ich habe Vertrauen zu meiner inneren Führung, die mir den unfehlbaren Weg zu meinem Traumberuf zeigt.

Merksätze

„Jeder Mensch besitzt eine innere Führung – er muß nur still sein und lauschen, und er wird das rechte Wort heraushören,“

sagte Ralph Waldo Emerson

Nur unsere innere Stimme kann uns sagen, was gut für uns ist, und welchem Weg wir folgen sollen.

Wie man Altes loslässt, und seiner Berufung folgt

Walnut – Walnuß

Wer sich nach anderen richtet,
zersplittert und zerstreut seine Kräfte
und verwischt seinen Charakter.
Obwohl diese Tatsache offen zutage liegt,
lassen sich die meisten
Menschen die Augen verbinden
und treten in die eine oder
andere Meinungs-Gemeinde ein,
wodurch sie von sich selber
abkommen und sich selbst verfälschen
und entwerten.
Ralph Waldo Emerson

Walnut - Stagnation

Die Bachblüte Walnut steht für Veränderung. Sie wird auch als die Blüte bezeichnet, die den Durchbruch schafft. Alles im Leben, der ganze Kosmos befindet sich in ständigem Wandel, nichts ist gleichbleibend. Aus dem Samen sprießt ein winziges Pflänzchen, das je nach Gattung zu einem kleinen Gänseblümchen oder einem großen Walnussbaum (Walnut) heranwächst. Ohne Veränderung steht die Zeit still und es gibt weder Fortschritt noch Wachstum. Walnut geprägte Menschen halten eisern fest an zur Gewohnheit gewordenen Überzeugungen, veralteten Sitten und Gebräuchen. Sie wagen es nicht einprogrammierte Konventionen und Traditionen aus dem Elternhaus, die oft über Generationen hinweg weitergegeben wurden, zu durchbrechen. Hinter all dem steckt natürlich auch Angst, den Respekt und die Anerkennung, aber auch die finanzielle Sicherheit zu verlieren, oder sich mit Kritik und eventuellen negativen Äußerungen auseinandersetzen zu müssen. Da bleibt Walnut doch lieber bei den altbewährten Gewohnheiten, die in schön geregelten, wenn auch unbefriedigenden Bahnen verlaufen. Häufig sind das Berufe, wie die Arbeit in Bergwerken, Fischereibetrieben oder Firmen, die von Generation zu Generation übertragen werden.

Die positiven Eigenschaften dieser Blüte führt uns Dr. Edward Bach, der Begründer dieser Bachblütentherapie, anhand seiner bewundernswerten und erstaunlichen Lebensgeschichte selbst vor. Er ist ein Paradebeispiel dafür, was ein Mensch zu leisten vermag, trägt er die positiven Eigenschaften der Walnussblüte in sich.

Das erfolgreiche Leben des Dr. Edward Bach

Dr. Edward Bach, ein Engländer, war ein bedeutender und berühmter Arzt, eine wahre Kapazität und Koryphäe auf seinem Gebiet (1886-1936)

Dies sind nur einige seiner beruflichen Errungenschaften: 4 Diplome hatte er sich erworben. In der königlichen Zeitung wurden seine Forschungsarbeiten veröffentlicht. Er war Mitglied des ärztlichen Stabes am University College Hospital, Dozent an der Londoner Universität, Chefbakteriologe am Londoner Homöopathischen Krankenhaus. Eigene Praxis und Forschungslaboratorien, in denen er immer 4 Ärzte beschäftigte. Im Alter von 44 Jahren hatte er es zu außerordentlichem Ruhm und Ansehen gebracht.

Aber trotz aller Erfolge und der großen Anerkennung, die er genoß, und trotz allen Abratens von Seiten der Kollegen und Freunde, beendete er mit 44 Jahren, man könnte fast sagen, auf dem Höhepunkt seiner brillanten Karriere diese Laufbahn. Er brach alle Brücken hinter sich ab und folgte einzig und allein dem Ruf seines Inneren. Ohne finanzielle Mittel im Hintergrund widmete er sich einem völlig neuen Lebensabschnitt. Er ließ alles hinter sich, die wirtschaftliche Sicherheit, die Anerkennung der Gesellschaft und die Grundsätze der Medizin. Von nun an durchstreifte er Wiesen, Wälder und Haine, immer auf der Suche nach einer einfachen aber wirksamen Heilmethode. Seine Kollegen belächelten ihn, und so manch einer vermutete, er sei verrückt geworden. Aber Dr. Bach ließ sich von nichts und niemandem beeinflussen. Er folgte ausschließlich seinem inneren Drängen, eine umwälzende, allumfassende Heilmethode zu finden. Durch seine Beharrlichkeit und große Liebe zu den Menschen hat er uns eine Behandlungsmöglichkeit hinterlassen, der höchstes Lob gebührt.

Wenn auch Sie Ideen und Wünsche haben, die Sie drängen und geradezu danach schreien, verwirklicht zu werden, dann steht es Ihnen frei, sich von der Essenz der Walnussblüte etwas Unterstützung zur Verwirklichung Ihres Vorhabens zu holen. Im Laufe der Zeit werden Sie feststellen, daß Ihr Selbstbewusstsein immer stärker wird und Sie sich ganz allmählich aus den Fesseln der Traditionen und veralterten Überzeugungen lösen können. Nun ist der Weg frei, Ihr Traumziel anzusteuern und den Traumberuf zu verwirklichen.

Wo wären wir, gäbe es nicht Menschen, die alles daran setzen ihrer Berufung zu folgen? Wenn auch in Ihnen etwas ganz Besonderes steckt, oder eine wichtige Veränderung bevorsteht, dann unternehmen Sie alles, um Ihr gestecktes Ziel zu erreichen. Lösen Sie sich von den überholten Überzeugungen, und verlassen Sie die eingefahrenen Gleise. Entfalten Sie sich zu dem wundervollen Wesen, mit einer Ausstrahlung voller Glück und Lebensfreude, das Sie kraft Ihres innewohnenden Geistes sein dürfen.

Affirmation:

Ich löse mich von eingefahrenen Gewohnheiten und Traditionen, und folge meinem Ruf nach Veränderung. Nichts und niemand kann mich von meinem Ziel abhalten. Mein Zukunftstraum wartet bereits auf mich, und beschert mir ein Leben der Anerkennung, der Weiterentwicklung und der Lebensfreude.

Merksätze

Wer sich selbst treu bleiben will, kann nicht immer anderen treu bleiben.

Christian Morgenstern

Wenn man etwas für recht hält, muß man es auch tun.

Hermann Hesse

Hoffnung, ein wesentlicher Schritt zum Erfolg

Gorse – Stechginster

Hoffen heißt:
Die Möglichkeit des Guten erwarten;
die Möglichkeit
des Guten in das Ewige.

Sören Kierkegaard

Gorse - Hoffnungslosigkeit

Nehmen wir einmal an, Sie haben viele Jahre lang einen Beruf ausgeübt, der Ihnen Freude bereitet hat und in dem Sie glücklich waren. Aber leider gab es eine Kündigungswelle und die Älteren, zu denen auch Sie gehörten, wurden zuerst entlassen. Ein guter Bekannter, mit den Eigenschaften der Enzianblüte (Gentian), den vor einiger Zeit ein ähnliches Schicksal ereilte, hat Ihnen nun unmissverständlich klar gemacht, daß es für Sie absolut aussichtslos ist, jemals wieder Arbeit zu finden. Mit plausiblen Argumenten und Überzeugungskraft hat er Ihnen den letzten Hoffnungsschimmer genommen. Widerwillig schicken Sie doch noch einige Bewerbungsschreiben raus, weil es Menschen in Ihrem Umfeld gibt, die es von Ihnen erwarten. Innerlich haben Sie jedoch längst mit der Vorstellung, jemals wieder einen schönen Arbeitsplatz zu bekommen, abgeschlossen. Sie sind völlig von der Ausweglosigkeit Ihrer Situation erfüllt und haben jegliche Hoffnung begraben.

Aber es ist nur dieses starke Gefühl der Hoffnungslosigkeit, das wie ein Magnet nach außen wirkt und es verhindern wird, jemals wieder die richtige Arbeit zu finden. Denn genau das, was Sie den ganzen Tag über denken und besonders fühlen, wird sich bewahrheiten. Verweilen Sie also weiterhin in der Vorstellung, daß es keine Hoffnung mehr für Sie gibt, und ziehen Sie sich voller Traurigkeit zurück, dann wird Ihr zukünftiges Leben dementsprechend hoffnungslose Formen annehmen. Somit wird auch die Aussicht auf eine erfreuliche Nachricht bezüglich Ihrer Bewerbungsschreiben immer geringer werden.

Folgen Sie lieber dem Ausspruch eines 93jährigen Mannes, der da lautet:

„Ich glühe förmlich vor Eifer und Begeisterung und lege mich mit mächtigem Glauben ins Zeug, um die Dinge zu tun, die durch mich getan werden müssen.“

Was alles möglich ist, wenn man sich dem Leben öffnet und einfach ohne wenn und aber sein Ziel verfolgt, zeigt auch diese kleine Geschichte, die ich einmal hörte. Sie handelte von einem 89 Jahre alten Spanier, der gerade seinen Hauptschulabschluss nachholte. Er wollte sich unbedingt weiterbilden, um seinen Traumberuf ausüben zu können, nämlich den des medizinisch-technischen Assistenten.

Das Alter oder die Umstände spielen überhaupt keine Rolle, ob man seinen Berufswunsch verwirklichen kann oder nicht. Es hängt lediglich von Ihrer Einstellung zum Leben ab. Wollen Sie das Leben in vollen Zügen genießen, sich mit Haut und Haar einbringen und aktiv sein, oder warten Sie nur noch auf die Rente, den letzten meist freudlosen Abschnitt Ihres Daseins.

Mit den Affirmationen oder der Bachblüte Gorse werden Sie, gleichgültig wie alt Sie gerade sind, einen neuen Aufschwung erleben.

Der Stechginster und seine besondere Aufgabe

Der Stechginster wie er auch genannt wird, erfüllt auch im Pflanzenreich eine ganz besondere Aufgabe. Schon beim Anblick dieser wunderschönen gelben Blüten, die von Februar bis Juni blühen, erscheint uns der Strauch wie das reinste Licht der Sonne und vermittelt uns ein Gefühl von Freude, Wärme und Geborgenheit. Der Stechginster ist aber auch mit unzähligen Dornen ausgestattet, die er zur Bewältigung seiner Aufgabe benötigt. Er breitet sich nämlich genau an den Stellen aus, an denen der Boden überstrapaziert wurde und schützt ihn mit seinem dichten Gestrüpp. Gleichzeitig reichert er die ausgelaugte Erde mit Stickstoff an. Jetzt können in aller Ruhe, gut geschützt durch die dornigen Zweige des Stechginsters, neue Triebe und Bäumchen heranwachsen. Erst wenn die neuen Pflanzen eine stattliche Größe erreicht haben, verdrängen sie den Ginster.

Die Aufgabe des Stechginsters liegt also nicht allein darin, das Licht der Sonne in seinen Blüten erstrahlen zu lassen, sondern er bietet Schutz und verhilft dem kargen, hoffnungslos überweideten und ausgelaugten Boden zu ncuer Fülle und Kraft.

Die Essenz der Blüte Gorse verhilft wiederum Menschen, deren Gemüt auch völlig leer und überfordert ist, und die jegliche Hoffnung und Zuversicht aufgegeben haben, zu neuem Lebensmut und Tatendrang. Es ist dann nur noch eine Frage der Zeit mit dieser veränderten Einstellung einen erfreulichen Arbeitsplatz, das ersehnte Studium oder den absoluten Traumberuf zu bekommen. Wahrscheinlich wird die Zukunft noch viel segensreicher sein, als Sie sich jetzt vorstellen können.

Der Stechginster ist eine von Abermillionen Pflanzen, die genaue Aufgaben zu erfüllen haben. Sie dienen nicht nur dem ökologischen Gleichgewicht, sondern bringen auch den Menschen neue Hoffnung und Kraft.

Bertrand Russell sagte: „Hoffnung, nicht Furcht, ist das schöpferische Prinzip in menschlichen Dingen.“

Wir sind eine Funke Gottes, und haben dank unserer Gedankenkraft das größte aller Geschenke erhalten, nämlich ganz bewusst der Schöpfer unserer eigenen Welt zu werden.

Affirmation

Ich bin voller Hoffnung, Freude und Begeisterung. Ich weiß, daß ich durch die Kraft meiner Gedanken jeden Beruf erlernen oder ausüben kann. Alle meine Wunschvorstellungen gehen in Erfüllung. Der ideale Arbeitsplatz wartet bereits auf mich.

Merksätze

Werden Sie zum Gärtner und bepflanzen Sie Ihren Garten nach Ihren Wünschen. Verwandeln Sie den kargen Boden in eine blühende Landschaft Ihrer Wahl und Ihrer Träume. Säen Sie Hoffnung, Freude, Fröhlichkeit, und säen Sie die Samen zu Ihrem Traumberuf.

Sie werden genau das ernten, was Sie säen, weil es ein unumstößliches Gesetz ist.

Jeder Gedanke, der sich einmal in dieser unsichtbaren, aber denkenden Substanz festgesetzt hat, muß sich verwirklichen, außer er wird durch einen ihm entgegengesetzten Gedanken wieder aufgehoben.

Euch geschehe nach Eurem Glauben.

Matth. 9,28-30

Stille Gedanken

Der menschliche Beitrag zum Wohle des Ganzen

Frage nicht, was Dein Land für dich tun kann,
sondern frage dich,
was du für dein Land tun kannst.
John F. Kennedy

Alles Große in unserer Welt
geschieht nur,
weil jemand mehr tut, als er muß.
Hermann Gmeiner

Machen wir uns also auf die Suche nach der Aufgabe, die uns am meisten Freude bereitet. Genauso wie die Blüte von einer geheimnisvollen Kraft gedrängt wird sich zu öffnen, genauso gibt uns unsere Seele Impulse, Gefühle und Wünsche ein. Der Unterschied zum Tier-, Pflanzen- und Mineralreich besteht nur darin, daß wir die freie Wahl haben, uns für rechts oder links, gut oder böse, schwarz oder weiß, zu entscheiden. Folgen wir der Göttlichkeit in uns, also der Liebe und Weisheit, so werden wir uns an den Plätzen und in den Berufen wiederfinden, die unserer Vervollkommnung bzw. Glück, dienen. Wir werden unsere Arbeit lieben und mit großer Freude und Begeisterung erledigen. Die richtige Arbeit wird unsere ganze Persönlichkeit zum Ausdruck bringen. Endlich können wir unsere Fähigkeiten und Begabungen, die brach lagen, in den Ablauf des Lebens integrieren. In seiner ihm ureigensten Aufgabe fühlt sich jeder Mensch glücklich, und er wird bestimmt sein Bestes geben. Nicht aus Zwang, sondern aus tief empfundener Freude heraus. Und jeder Mensch, der sein Bestes gibt, wird auch das Beste erhalten. Mit dieser Einstellung ist jeder eine großartige Bereicherung für unsere Welt. Eine äußerst wertvolle Begleiterscheinung, welche die zukünftigen Erfolge mit sich bringen, ist auch das gesteigerte Selbstwertgefühl: „ich bin etwas Besonderes, ich werde gebraucht, die Arbeit macht Spaß, ich bekomme Anerkennung und das Leben bekommt einen Sinn“.

Dr. Bach sagte:

„Die Welt ist dazu da, daß wir sie genießen und ihr dienen, und nur dadurch, daß wir aus Liebe und Glück her-

aus dienen, können wir wirklich von Nutzen sein und unser Bestes tun."

„Aus Liebe und Glück heraus dienen!" In dieser Aussage liegt ein Schlüssel der Erkenntnis: Das Glück überflutet uns nicht, weil wir unser tägliches Leben mit Arbeiten verbringen, die wir mit Widerwillen und Abneigung irgendwie absitzen, nein, es steckt in uns – als Substanz, als Ausgangspunkt unseres Tuns! Wir sind aufgefordert, die Liebe und das Glück in uns zu finden und es nach außen wirken zu lassen. Das heißt, daß wir selbst unsere Liebe und unser Glück vergeuden, wenn wir nicht den Mut und die Kraft aufbringen, den Beruf oder die Berufung zu finden, in der wir fähig sind, aus unserem ureigensten Liebesvorrat zu schöpfen.

Was hindert Sie daran, Ihren Platz, Ihren wahren Wirkungskreis in diesem Leben einzunehmen? Beginnen Sie mit Ihrer Entdeckungsreise in die Welt Ihrer Vorlieben, Ihrer Begabungen, Talente, Stärken und entscheiden Sie selbst, wo und in welcher Form Sie Ihr Leistungspotential einbringen wollen.

Denken Sie immer an den Ausspruch von John F. Kennedy:

„Frage nicht, was dein Land für dich tun kann, sondern frage dich, was du für dein Land tun kannst."

Wir sind der Staat. Jeder einzelne von uns trägt die Verantwortung.

Denken Sie an den Staat der Ameisen. Es ist nicht die Ameisenkönigin, die das vollkommene Wunderwerk eines Ameisenhaufens, bestehend aus einem perfekt durchdachten Gewirr von Gängen und Kammern, erbaut, sondern es sind die unzähligen Mitarbeiter, die sich ihrer Aufgabenbereiche aufs Genaueste bewusst sind.

Beobachten Sie doch einmal so ein kleines unscheinbares Lebewesen. Sie sind so emsig und geschickt und tragen Lasten, die ihr Gewicht um ein Vielfaches überschreiten. In ihrer Nähe kann man deutlich den Tatendrang und die

Zielstrebigkeit, mit der sie ihren Pflichten nachkommen, spüren. Jede von ihnen weiß genau was sie zu tun hat und füllt ihren Platz vorbildlich aus.

Würde sich jeder Mensch bemühen, seinen Platz in diesem Leben zu finden, so könnten wir uns eines schönen, reichen und gesunden Landes erfreuen. Aber sobald ein Ungleichgewicht entsteht, müssen manche Menschen noch mehr Arbeit leisten, oder es fallen bestimmte Arbeitsgebiete ganz aus, was wiederum Zerfall bedeutet und vermehrte Arbeitslosigkeit mit sich bringt.

Sie sehen also, von welcher immensen Wichtigkeit Ihre Arbeitskraft ist. Sie sind das Rad in dem Getriebe, das die Wirtschaft zum Erblühen oder Verblühen bringen kann. Dabei macht es keinen Unterschied ob Sie Ihre Arbeitskraft als Putzfrau oder Arzt einbringen. Die Hauptsache ist, Sie erfüllen Ihre Aufgabe mit den Geboten der Seele, der Liebe, der Freude und Begeisterung. Jeden Handgriff, den Sie somit auch zum Wohle der Allgemeinheit machen, entscheidet über eine glückliche oder unglückliche Zukunft.

Die Liebe zur Arbeit

Ich hatte einmal eine Putzfrau, die ein Strahlen in ihren Augen hatte, wenn sie zur Arbeit kam, das ansteckend war. Mit dieser Ausstrahlung und einem Schwung und Elan schrubbte und wischte sie, und im Nu war alles sauber. Man spürte, wie sie diese Arbeit liebte, und sich herzlich darüber freuen konnte, wenn wieder alles in hellem Glanz erstrahlte. Bat ich sie um irgendwelche zusätzlichen Arbeiten, dann antwortete sie mit einem hinreißenden, freundlichen Lächeln, „aber gerne!“. Sie war nicht nur eine Bereicherung in beruflicher Hinsicht, sondern allen, die ihre Dienste in Anspruch nehmen durften, war sie ein Vorbild an Freundlichkeit, Gewissenhaftigkeit und sie zeigte uns mit welcher Einstellung man einen Beruf ausüben kann.

Wenn sie abends nach Hause kam, war sie zufrieden mit sich und der Welt, denn diese Arbeit machte sie glücklich. Sie bekam immer mehr Lohn und Geschenke, weil ihre Arbeit so geschätzt wurde.

Geht aber jemand mit der Einstellung, daß er unterbezahlt ist und nur ausgebeutet wird, seiner Beschäftigung nach, und es sich somit auch nicht lohnt, Kraft und Aufmerksamkeit in diese Arbeit zu investieren, so braucht er sich nicht zu wundern, daß sein Leben eine negative Wende nehmen wird. Und solange er seine Einstellung nicht ändert, wird sich auch in seinem Leben nichts ändern.

Wenn man einer Vielzahl der Menschen zuhört wie sie über ihre Arbeit sprechen, so möchte man wirklich meinen, es gäbe nur noch mühevolle und unterbezahlte Tätigkeiten, mit denen man seine Zeit vergeudet. Wir müssen lernen zu verstehen, daß es lediglich die Einstellung zu unserer Arbeit ist, die Negatives nach sich zieht.

Viele träumen davon, im sogenannten Nichtstun das große Glück zu finden. Sie glauben, sie wären zufrieden, wenn sie im Reichtum schwimmen und auf einer sonnigen Südseeinsel von früh bis spät Parties feiern könnten. Warum flüchten sich dann gerade diese Menschen, denen ein solch „göttliches" Leben vergönnt ist, in Alkohol und Drogen? Nicht selten endet ihr Leben sogar mit einem Selbstmord. Warum?

Der Mensch braucht eine Aufgabe, und zwar die Aufgabe, die ihn glücklich macht. Er wird nur glücklich, wenn er Respekt vor sich selbst und seinen vollbrachten Leistungen haben kann. Und sein wohlverdienter Südseeurlaub wird dann wirklich ein Glückserlebnis für ihn sein.

Leider gibt es viele Menschen, die nur nehmen wollen, aber nichts geben. Am Arbeitsplatz hört man nur Klagen über all die Ungerechtigkeiten und die überaus schlechten Bedingungen. Und der Übeltäter ist natürlich der Geschäftsinhaber, der ja nichts anderes zu tun hat, als das große Geld abzusahnen.

Wenn auch Sie dieser Denkweise verfallen sind, und voller Neid und Missgunst auf den teueren Sportwagen, die exklusiven Anzüge oder das luxuriöse Haus Ihres Chefs schauen, dann frage ich Sie,

was hindert Sie daran, auch Chef zu werden und all diese Vorzüge zu genießen?

Die einzigen Voraussetzungen, die Sie benötigen sind, daß Sie ein überdurchschnittliches Durchhaltevermögen besitzen, ein hohes Maß an Stress vertragen, immer mit Konflikten leben können, Initiative zeigen, Durchsetzungsvermögen haben, keinerlei Risiko scheuen, hohe Verantwortung übernehmen und niemals den Überblick verlieren. Dann kommen Sie in den Genuss nach eventuell vielen entbehrungsreichen Studienjahren noch einige Jahre sechzehn Stunden oder mehr, sieben Tage die Woche arbeiten zu dürfen.

Wenn diese Art von Leben Ihren Qualitäten entspricht, dann gehen Sie den Weg und genießen Sie all die Annehmlichkeiten, die Ihr Chef besitzt.

Stellen Sie es sich vor, so wie es Ray Charles tat. Sie können alles haben, und alles erreichen, was Sie möchten. Sie müssen es nur von ganzem Herzen wollen, und keinerlei Arbeit scheuen. Jedes Land auf dieser Erde kann sich glücklich schätzen, wenn es Männer und Frauen gibt, die den mutigen Schritt in die Selbständigkeit wagen. Denn sie sind es, die Arbeitsplätze schaffen.

Am schlimmsten ist der Neid und Haß, denn er bewirkt weder eine positive Veränderung, noch erhalten Sie dadurch die entsprechende Arbeit.

Wenn Sie sich schon einmal bei diesen zerstörenden Eigenschaften ertappt haben, dann kann Ihnen die Stechpalme auch Holly genannt, helfen, in Zukunft ein erfreulicheres Leben zu führen.

Liebe und Wohlwollen beseitigen jedes Hindernis

Holly – Stechpalme

*Macht können wir durch Wissen erlangen,
aber zur Vollendung gelangen wir nur durch
die Liebe.*

Rabindranath Tagore

Holly – Haß, Neid

„Alles, das Sie anderen Menschen wünschen, oder über sie denken, fällt auf Sie selbst zurück."

Gott gab uns den freien Willen. Das heißt es steht uns völlig frei, unser Leben nach unseren Wünschen und Vorstellungen zu gestalten. Es ist natürlich auch unser freier Wille, ob wir uns mit der Seele verbinden, und somit die göttlichen Attribute wie Weisheit, Schönheit, Freiheit, Erfolg, Freude, Glück und Liebe zum Ausdruck bringen, oder lieber in der Begrenzung der negativen Kraft verhaftet bleiben, was gleichbedeutend mit Rückschritt, Konkurrenzkampf, Haß, Neid, Korruption und Zerstörung ist.

Wenn Sie Haß- und Neidgefühlen nachgeben, schaden Sie tatsächlich nur sich selbst und vergeuden außerdem Ihre kostbaren Kräfte. Alle Gedanken, die Sie hegen und pflegen und mit denen Sie sich besonders beschäftigen, werden in Ihrem eigenen Leben zum Tragen kommen. Nehmen wir einmal an, Sie sind arbeitslos und Ihre Gedanken kreisen ständig um die Belange Ihrer Nachbarn, Verwandten, Arbeitgeber oder Konkurrenten. Sie hegen einen permanenten Groll gegen die Menschen, denen es gut geht, die eine Stellung oder eine erfolgreiche Firma haben, und die sich mit vielen erfreulichen materiellen Dingen verwöhnen können. Neid beherrscht Ihr ganzes Sein, und die kostbare Welt Ihrer erschaffenden Gedanken wird verschmutzt mit Negativität. Täglich warten Sie darauf, daß den Nachbarn endlich auch ein schwerer Schicksalsschlag ereilt, und er leiden muß. Aus dieser verhärteten und aggressiven Haltung heraus missgönnen Sie ihm alles und wünschen ihm nur Schlechtes. Diese destruktiven Wünsche, er möge auch arbeitslos werden, Konkurs anmelden, sein Haus, sein Auto und alles Wertvolle verlieren, setzen sich in der formlosen Substanz fest und bringen genau die Dinge hervor, mit der Sie Ihre überwiegende Zeit verbringen. Das heißt, Sie werden arbeitslos bleiben, und wenn es noch nicht geschehen ist, auch Ihr Haus, Ihr Auto oder sonstige liebgewonnene Dinge verlieren. Wenn Sie Ihre Gedanken beständig auf Arbeitslosigkeit, Verlust und Armut gerichtet halten, werden genau diese Dinge in Ihrem Leben immer wieder in Erscheinung treten. Die Chance auf einen geeigneten Arbeitsplatz wird stetig sinken und die Verluste zunehmen. Ihr Unterbewusstsein reagiert mathematisch genau auf Ihre Gedanken und Gefühle. Neid und Haß sind Krebsgeschwüre, die Sie immer tiefer ins eigene Elend stürzen.

Dieser Haß und Neid auf die Bevölkerungsschicht, die im Wohlstand lebt, ist auch mit ein Grund, warum viele arme Menschen immer ärmer werden. Gedanken des Neides kommen nur dann auf, wenn man sich auf irgend eine Weise minderwertig fühlt. Und dieses Gefühl und die Gedanken darüber sind es, die uns genau an dem Platz festhalten, wo wir uns im Augenblick befinden. Freuen Sie sich statt dessen über den Reichtum, das schöne Haus, die elegante Kleidung, oder das teure Auto Ihrer Mitmenschen. So befassen sich Ihre Gedanken mit Schönheit und Wohlstand, und Schönheit und Wohlstand wird auch in Ihrem Leben Einkehr halten.

Ein unvergleichlicher Lebenslauf

Ich erinnere mich an eine Geschichte über eine erstaunliche Karriere eines Farbigen, der als Sohn ehemaliger Sklaven aufwuchs und kaum eine Schule besuchen konnte.

Er hatte schon immer das Gefühl, daß es ein besseres Leben für ihn gab, und daß es allein an ihm lag, dieses Leben zu finden.

Frühzeitig begann er Schuhe zu putzen, weil er auch seine vielen Geschwister mit ernähren musste. Eines Tages bekam er den Job eines Geschirrwäschers bei der Eisenbahn. Es war für ihn etwas ganz Besonderes, weil er die Gelegenheit bekam sich bei den Köchen das Kochen abzuschauen. Und schließlich arbeitete er sich zum Chefkoch empor. Das war der höchste Posten, den ein Farbiger zu damaliger Zeit erreichen konnte.

Doch obwohl er eine gutbezahlte und sichere Stellung hatte, trieb sein Ehrgeiz ihn weiter, und mit seinen wenigen Ersparnissen kaufte er einen gebrauchten Laster und eröffnete damit eine Müllabfuhrfirma. Obwohl sein Einkommen anfangs sehr gering war, machte er es sich stets zur Regel immer pünktlich, ordentlich und zuverlässig zu arbeiten. Diese Einstellung zahlte sich aus indem sein Einkommen in wenigen Jahren um ein Vielfaches anstieg.

Eines Tages kam ihm die Idee eine Schweinefarm zu kaufen, und die Tiere mit einem Teil des Abfalls zu füttern. Wieder stiegen seine Gewinne drastisch.

Schließlich kaufte er eine Sparkasse, welche unter seiner Führung eine der größten des Landes wurde.

Der ärmste Mensch, egal welche Voraussetzungen er mit sich bringt, kann Millionär werden, wenn er sich nur Ziele setzt und daran arbeitet, sie zu erreichen.

Dieser Mann zeigt uns, was ein Mensch schaffen und erschaffen kann, wenn er sein Bestes gibt. Anstatt voller Haß und Neid auf andere zu blicken, bewunderte er sie und nahm jede Gelegenheit wahr, von ihnen zu lernen.

Mit anderen Worten, er hat nicht voller Neid auf „die Reichen" geschaut, sondern er hat sie als Vorbilder gesehen, sie bewundert und von ihnen gelernt. Und er hat immer sein Bestes gegeben, mochten die Einnahmen auch noch so gering sein.

Wenn Sie also eine positive Wende in Ihrem Leben anstreben, dann verändern Sie noch heute Ihre Einstellung. Sehen Sie Ihre Mitmenschen, die etwas geleistet und vollbracht haben, als etwas Besonderes an und machen Sie es ihnen nach. Wünschen Sie Ihren Mitmenschen aus tiefsten Herzen den besten Arbeitsplatz, die beste Bezahlung, Glück, Frieden und Wohlergehen, und verfolgen Sie Ihr eignes Ziel, dann werden auch Sie das Beste erhalten. Denken Sie immer daran, das, worüber Sie den ganzen Tag nachdenken, wird Wirklichkeit. Ist es Ihr Wunsch, einen tollen Beruf zu haben, der Ihnen Spaß macht, eine gute Bezahlung, Erfolg und Anerkennung, dann richten Sie augenblicklich Ihre ganze Aufmerksamkeit auf dieses Berufsziel.

Da es natürlich einige Überwindung kostet, anderen Menschen immer nur das Beste zu wünschen und es manchmal eines längeren Lernprozesses bedarf, sich so perfekt zu verhalten, können Sie sich von der Bachblüte Holly Unterstützung holen. Öffnen Sie sich der positiven Schwingung, die Ihren Geist durchströmen wird. Denken Sie bei jeder Einnahme immer wieder daran, welchen Schaden Sie sich selbst zufügen, wenn Sie Ihre Gedankenwelt ins Reich des Hasses, des Neides und der Missgunst abschweifen lassen.

Die Stechpalme und der Weihnachtsbrauch

In Großbritannien, aber auch in manchen Mittelmeerländern, wird die Stechpalme auch als Weihnachtsbaum verwendet. Sie gilt als Symbol der Wiedergeburt des Christusbewusstseins, was gleichbedeutend mit der allumfassenden göttlichen Liebe ist und das Gegenteil von Haß und Neid.

In den Alpenländern wurde die Stechpalme auch als Schrattlbaum bezeichnet, weil sie den Schrättel, den Waldgeist oder Poltergeist vertreibt. Da besonders der Schornstein als Einstiegsmöglichkeit für diese bösen Geister galt, schmückte, und schmückt man heute noch den Kamin mit den Schrattlbaumblättern. Zur Weihnachtszeit ist dieser Brauch im Englischen Sprachraum ganz besonders wichtig, damit der gute Geist, der Santa Claus, um Mitternacht erscheinen kann, um die Familie zu segnen.

Diese Pflanze nimmt also einen absolut hohen Stellenwert ein, weil sie die Tugend der reinen Liebe und der wahren Nächstenliebe verkörpert. Sie treibt die bösen Gedanken, die Poltergeister in unseren Gehirnen aus und macht den Weg frei für göttliche Eingebungen der Liebe, Güte und des Wohlwollens.

Affirmation

Ich fühle wie Frieden, Harmonie und Liebe mein ganzes Wesen durchdringen. Ich wünsche meinen Mitmenschen den besten Arbeitsplatz, die erfolgreichste Firma, Wohlstand und Glück. Und alles, das ich anderen aus tiefstem Herzen wünsche, fällt auf mich zurück. Ab heute richte ich meine Aufmerksamkeit nur noch auf die Verwirklichung meines Traumberufes, auf Erfolg, Freude und Wohlstand. Dank der Kraft meiner Gedanken kann ich alles erschaffen, was immer ich mir wünsche.

Merksätze

Alles, das Sie anderen wünschen, fällt auf Sie zurück.

Jeder Gedanke, der sich in der universalen Substanz befindet, bringt genau das hervor, an das Sie ständig denken.

Sind Ihre Gedanken auf Haß und Neid gerichtet, werden genau diese Qualitäten in Ihrem Leben zum Tragen kommen. Sind Ihre Gedanken aber auf Liebe, Wohlwollen,

Respekt und Anerkennung ausgerichtet, werden Sie mit reichlichem Segen belohnt.

Freuen Sie sich über den Wohlstand Ihrer Mitmenschen. Denken Sie immer daran, daß Sie das ernten, was Sie säen.

Stille Gedanken

Wir sind die Schöpfer unserer eigenen Welt

Willow – Weide

Es ist nicht so wichtig, was das Schicksal
uns auferlegt;
Wichtig ist, wie wir damit umgehen.
Wilhelm von Humboldt

Willow - Schuldzuweisung, Herr oder Sklave?

Willow-betonte Menschen klagen über Gott und die Welt. Sie sehen in allem nur das Negative, und fühlen sich als Opfer aller möglichen Ungerechtigkeiten und widriger Umstände. Alle anderen sind an ihrem Schicksal schuld. Ihr Leben besteht nur aus Klagen über unzumutbare Verhältnisse, die ihr Dasein in allen Bereichen erschweren. Es ist natürlich sehr einfach und bequem, die Schuld immer auf andere abzuwälzen. Die Regierung, der Staat, der Arbeitgeber, die Frau, die Eltern, Lehrer, einfach jeder wird für das eigene Fehlverhalten verantwortlich gemacht. Aber wem nützt es? Am wenigsten ihnen selbst. Wenn Sie anderen die Schuld für Ihre Probleme geben, verleihen Sie ihnen automatisch Macht über sich, und Sie machen sich selbst zum Sklaven.

In diesem Zustand ist es höchste Zeit zu erkennen, daß wir selbst die Ursache für unser Schicksal sind, und nur durch eine Veränderung unserer Denkgewohnheiten auch eine Veränderung in unserem Leben bewirken. Das eigene Verhaltensmuster ist verantwortlich für die Umstände, über die wir uns beklagen. Sie können sich allein durch Ihre Denkinhalte glücklich oder unglücklich machen. Eine harte Erkenntnis! Aber um so schneller wir dieser Tatsache ins Auge sehen, um so schneller können wir uns aus der Sklaverei unseres selbst erwählten Schicksals befreien. Selbstinitiative und konstruktives Denken ebnen den Weg in die Freiheit.

Sollten Sie in Ihrer momentanen Arbeitssituation irgend etwas ändern oder verbessern wollen, so halten Sie sich keine Sekunde länger damit auf, auf Ihre Firma, Ihren Chef, Ihre Kollegen oder sonstige ungünstige Umstände zu schimpfen. Denn das ist nicht nur vergeudete Energie, sondern dieses Verhalten wird Sie immer mehr ins Unglück stürzen. Es ändert sich absolut nichts, wenn Sie ständig andere für Ihr Fehlverhalten verantwortlich machen. Gehen Sie lieber in sich und überdenken Sie Ihre sämtlichen Ansichten und Denkschablonen. Werfen Sie alle Gedanken, die nicht zu etwas Positivem beitragen, über Bord. Nur so schaffen Sie Platz für Ideen und Wünsche, mit denen Sie sich selbst in erfreuliche Situationen und Aufgabengebiete hineinmanövrieren können.

„Die Selbsterkenntnis beginnt genau an dem Punkt, an dem wir für einen Misserfolg nicht andere, sondern uns selbst verantwortlich machen.“

Unbekannt

Wie man zum Meister seines Schicksals wird

1930 war eine Zeit der größten Arbeitslosigkeit, viele Studenten hatten ihr Examen in der Tasche, aber die beruflichen Aussichten waren erbärmlich. Auch mein Vater hatte das Studium des Bauingenieurs beendet, und zwar unter schwersten Bedingungen. Er stammte aus ärmlichen Verhältnissen, und seine anfänglichen Studienjahre begannen im ersten Weltkrieg. Immer wieder erzählte er, daß er ständig Hunger hatte, denn die Tagesration bestand die längste Zeit nur aus einem Teller Suppe und einem Stück Brot.

Nach diesen entbehrungsreichen Jahren wollte er nun endlich sein Wissen in die Tat umsetzen. Er kannte sehr wohl die momentane Situation der hohen Arbeitslosigkeit, aber trotzdem ließ er sich von der Aussichtslosigkeit der Lage nicht beirren. Er machte sich auf den Weg und klapperte ein Baugeschäft nach dem anderen ab, um sich persönlich vorzustellen. Das Ergebnis war, daß er drei Teilzeitbeschäftigungen bekam. Mit dem Motorrad, das er von einer Firma gestellt bekam, und monatlich abzahlen konnte, war es ihm möglich, die teils großen Strecken, die zwischen den einzelnen Baustellen lagen, zu bewältigen. Es dauerte nicht sehr lange, bis eine der Firmen ihn ganz einstellte, weil sie von seinem Können und Fleiß beeindruckt waren.

Ein paar Jahre später gründete er mit geringen Ersparnissen sein eigenes Baugeschäft. Dank seiner Begeisterung, Freude am Beruf und des unermüdlichen Arbeitseinsatzes, der oft mit meiner Mutter zusammen bis spät in die Nacht und zuweilen auch bis zum Morgengrauen andauerte, brachte er es in kurzer Zeit zu einem stattlichen Unternehmen.

Nach harten, anstrengenden Jahren hatte er sein Ziel erreicht, und sein Geschäft stand in voller Blüte. Aber genau zu diesem Zeitpunkt brach der zweite Weltkrieg aus, und weil er sich weigerte, der Partei beizutreten wurde er sofort eingezogen. Das bedeutete von heute auf morgen das Ende seiner Karriere.

Nach vielen langen und schweren Kriegsjahren kam er als einziger Überlebender aus seiner Gruppe, völlig geschwächt und krank nach Hause. Ein Häufchen Elend, abgemagert bis auf die Knochen und gezeichnet von den Härten und Wirren des Krieges.

Aber da war er wieder, der Drang ein Geschäft zu eröffnen. Und bei jedem Gramm, das er zunahm, wurde dieser Drang stärker.

Trotz aller Warnungen seitens des Bürgermeisters, der schlecht laufenden Baugeschäfte, die bereits in dem kleinen Ort ansässig waren, und all der Bekannten und Verwandten, die ihm klar machen wollten, daß ein weiteres Baugeschäft von vorneherein zum Scheitern verurteilt wäre, ließ er sich nicht verunsichern. Mit seinen inzwischen knapp 50 Jahren, konnte ihn niemand von seinem Vorhaben abhalten, und so begann er erneut. Wieder dauerte es nicht lange, bis aus dem anfänglichen drei Mann Betrieb ein Baugeschäft mit über 100 Arbeitern entstand. Nebenbei eröffnete er noch eine Eisenhandlung, die sich in wenigen Jahren zum größten Geschäft in der Umgebung entwickelte.

Er vertraute sich selbst, seinem Können und Wissen. Von Anfang an legte man ihm nahe, daß er überhaupt nur Arbeit bekäme, wenn er an den Saufgelagen am Stammtisch teilnehmen würde. Dort wurden regelmäßig die Aufträge verteilt. Er wusste genau welche unsauberen Preisabsprachen und Machenschaften sich da abspielten. Aber das war ganz und gar nicht seine Welt. Er war stets voller unerschütterlicher Zuversicht, waren die Zeiten auch noch so aussichtslos. Sein Motto lautete immer: „Mit Ehrlichkeit kommt man am weitesten." Und in der Tat, er hat es uns vorgelebt. Selbst als die große Pleitewelle eine Vielzahl an Baugeschäften nur so vom Erdboden verschluckte, konnte er sich über Wasser halten. Er hatte wahrlich mit unzähligen Schwierigkeiten und Problemen zu kämpfen, und das Leben hat ihn Unmengen von Hindernissen in den Weg gelegt, aber er blieb immer Herr über sein Schicksal. Es war sein Traumberuf und er hat es immer wieder geschafft, seine Ziele zu verwirklichen.

Das Wort Geben, nicht nur im Beruf, sondern in jeder Lebenslage, war bei ihm groß geschrieben. Er war einer der großzügigsten, bescheidensten und dankbarsten Menschen, den ich je kannte. Er wäre zum Beispiel nie vom Tisch aufgestanden, ohne sich bei meiner Mutter für das wunderbare Essen zu bedanken. Er dankte für alle Segnungen, besonders auch für sein Geschäft und seine guten Mitarbeiter, die er mit besonderem Lob anerkannte.

Er war ein Mensch, der sein Augenmerk nicht auf die widrigen Umstände legte, und sich auch nicht über Gott und die Welt beklagte. Er vertraute seinem Wissen und Können und richtete seine Konzentration auf das Gelingen seines Vorhabens zum Wohle der Allgemeinheit.

Die Arbeitslosigkeit wird nicht geringer, wenn man ständig darüber spricht und sich über die Verhältnisse beklagt. Denken Sie statt dessen lieber über Ihre Wünsche und Ihren Traumberuf nach, und Sie werden den ersehnten Arbeitsplatz erhalten, mögen die Aussichten im Moment auch noch so trostlos erscheinen.

Sprechen Sie die folgende Affirmation so oft wie möglich, und Sie werden überrascht sein, wie sich Situationen in erfreulicher Weise verändern. Auch die Bachblüte Willow kann Ihnen bei der Verwirklichung Ihres Vorhabens nützlich sein.

Affirmation

Ich allein trage die Verantwortung für meine Zukunft. Ab heute nehme ich mein Leben selbst in die Hand und kreiere den Beruf, den ich mir wünsche. Ich denke nur noch über die Dinge nach, die mein Leben in jeder Hinsicht bereichern, weil ich weiß, daß meine Gedanken die Kraft besitzen, sich zu verwirklichen. Mein Herz ist voller aufrichtiger Dankbarkeit für alles was ich bereits besitze und die Segnungen, die auf mich zukommen.

Merksätze

Sie sind die Gesamtsumme Ihres Denkens.

Denken Sie an die Dinge, die Sie in Ihrem Leben zum Ausdruck bringen möchten, und sind Sie heute schon so

dankbar wie Sie sein werden, wenn Ihr Wunsch Wirklichkeit geworden ist.

Sie sind der Meister Ihres Schicksals.

Was Sie denken und glauben und als wahr empfinden, das werden Sie in Ihr Leben bringen. Sie erschaffen Ihr Schicksal durch die Kraft der Gedanken und des Glaubens.

Wenn Sie Ihre Einstellung und die Inhalte Ihres Denkens ändern, ändern Sie Ihr ganzes Leben.

Stille Gedanken

Zauberformel Dankbarkeit

*Dankbarkeit öffnet das Tor
für neue Segnungen.*

Dankbarkeit ist eine wichtige Eigenschaft zum Erreichen von Wünschen. Wenn Sie ein Gefühl der Dankbarkeit spüren, ist Ihr Augenmerk auf etwas Gutes, Erfreuliches, Wünschenswertes gerichtet; und Sie wissen ja inzwischen, daß Ihr Leben zu dem wird, worauf Sie Ihre geballte Aufmerksamkeit richten. Wenn Sie zu Hause sitzen und sich nur mit den Gedanken befassen, was Sie alles bräuchten, befinden Sie sich in einem Zustand des Mangels. Die geistige Substanz nimmt dieses Muster auf und beginnt es zu verwirklichen. Sitzen Sie aber entspannt in Ihrem bequemen Sessel und erfreuen sich dankbaren Herzens an dem Reichtum, der Sie umgibt, dann wird sich dieses Muster der denkenden, formlosen Substanz einprägen, und Fülle statt Mangel wird die Folge sein.

Machen Sie es sich also zur Gewohnheit, eine tiefe Dankbarkeit für alles, was Sie besitzen und erhalten, zu empfinden. Entdecken Sie die vielen Dinge, die Sie als Geschenk dankbar annehmen können. Wie sieht Ihr Arbeitsplatz aus? Ist es ein helles Büro mit Teppichboden, Grünpflanzen und neuesten Computern? Oder vielleicht eine großzügige Montagehalle mit modernsten Werkzeugen und einer Klimaanlage, die für angenehme Arbeitstemperaturen sorgt? Vielleicht ist aber auch das Auto Ihr „Arbeitsplatz" und Sie genießen den hohen Komfort von Fahrtechnik und Ausstattung des Fahrzeuges?

Mit dieser dankbaren und anerkennenden Einstellung, werden Sie nicht nur ein angenehmes Gefühl der Zufriedenheit bemerken, sondern sie wird auch Ihre berufliche Leistung deutlich steigern, was sich letztendlich wiederum auf Ihr Selbstbewusstsein und auch auf das Gehalt positiv auswirken wird. Sie wissen, die Macht Ihrer Gedanken arbeitet akribisch genau, und wir erhalten das, womit wir uns die meiste Zeit beschäftigen. Wenn wir uns ununterbrochen mit dem Bild des armen, ausgebeuteten und ungerecht behandelten Schwerarbeiters identifizieren, der so vieles entbehren muß, brauchen wir uns nicht zu wundern, daß wir an den Reichtümern des Lebens vorbeilaufen. Es ist unsere Einstellung, wie wir auf die Gegebenheiten im täglichen Leben reagieren. Wenn zum Beispiel die Putzkolonne am Ende der Arbeitszeit anrückt, fühlen sich viele der Mitarbeiter durch die Reinigungsarbeiten belästigt oder gestört. Genauso könnte man aber die Sichtweise verändern und eine dankbare Haltung gegenüber dem kostenlosen Service annehmen, der für saubere Schreibtische, leere Papierkörbe und gepflegte Toiletten sorgt. Es ist schlichtweg unsere Grundhaltung, ob wir Situationen als störend oder angenehm empfinden. Es ist die persönliche Einstellung, die uns das Leben lebenswert macht. Halten Sie sich an die Zauberformel der Dankbarkeit und erfreuen Sie sich an den Annehmlichkeiten, die Ihr Chef Ihnen bietet, dann haben Sie Ihre Gedanken auf Fülle gerichtet, und wie schon erwähnt, wird Fülle Ihr Leben bereichern.

Stille Gedanken

Unzufriedenheit mit dem Beruf oder dem Arbeitsplatz?

Verzage nicht!
Vielleicht ist das Unglück
die Quelle deines Glücks.
Menander

Das was Sie beständig aus tiefstem Herzen über sich und Ihre Umgebung gedacht haben, hat Sie genau an diesen Ort und in diese Situation gebracht, in der Sie sich gerade befinden. Gehen Sie einer Beschäftigung nach, die Ihnen in keinster Weise angemessen erscheint oder Sie zufrieden stellt, dann sollten Sie zur Kenntnis nehmen, daß sie mathematisch genau Ihrer momentanen Einstellung und Haltung entspricht.

Goethe sagte: „Das Leben sei ein Quader aus dem wir den Charakter formen und meißeln müssen."

Werden Sie wachsam und überdenken Sie Ihre Situation und die dafür verantwortlichen Gedankenmuster. Sind es Ängste, Zweifel, Mangel an Selbstwert, oder was ist es, das Sie an einen Platz geführt hat, der nicht Ihren Vorstellungen entspricht? Tauchen Sie ein in die unsichtbare Welt der Gedanken, Gefühle und Verhaltensweisen und verbannen Sie alles, was nicht zu Ihrem eigenen Glück und Wachstum beiträgt.

Wie schwer oder ausweglos die Probleme auch zu sein scheinen, es gibt eine unendliche Fülle von Lösungen, welche wir aus unserer innersten Schatztruhe bergen können.

Wenn Sie einmal die tiefe Erkenntnis gewonnen haben, daß es ein unumstößliches Gesetz von Ursache und Wirkung gibt, und daß allein Ihre Charaktereigenschaften und die damit verbundenen Denkgewohnheiten Sie an den Platz gebracht haben, an dem Sie sich gerade befinden, steht einer erstrebenswerten und aussichtsreichen Zukunftsplanung nichts mehr im Wege.

Betrachten Sie die Unzufriedenheit in Ihrem jetzigen Betätigungsfeld als eine Chance, ein Sprungbrett für einen erfolgversprechenden Neubeginn. Alle Wege stehen Ihnen offen, eine neue Route einzuschlagen, die Ihnen Freude und Fülle beschert.

Wagen Sie den ersten Schritt, einmal ganz gezielt darüber nachzudenken, welcher Beruf, welche Arbeit Ihnen ein Leben der Zufriedenheit und Selbstverwirklichung bieten könnte.

Schreiben Sie Ihre geheimsten Ziele und Wünsche auf, auch dann, wenn Sie zum jetzigen Zeitpunkt noch von deren Unerreichbarkeit überzeugt sind. Nehmen Sie Ihre Wunschträume, vorausgesetzt sie sind ethisch rein, ernst, denn sie kommen aus Ihrem Innersten. Wenn Sie den Zugang zu Ihrem Universalgeist erst einmal gefunden haben, werden Sie sich Ihrer grenzenlosen Möglichkeiten bewußt.

Notieren Sie Ihre Vorlieben, Begabungen, Interessensgebiete und Charaktereigenschaften. Erstellen Sie eine klare und ehrliche Selbstanalyse. Sie werden eine Menge über sich selbst erfahren und herausfinden, wo Sie Ihren Schwerpunkt im Leben setzen wollen. Um in eine glückliche Zukunft zu blicken, sollten Ihre Berufswünsche auch mit Ihren privaten Vorstellungen übereinstimmen. Bevorzugen Sie engen Kontakt mit der Familie, und möchten Sie keinen Tag missen, die Kinder heranwachsen zu sehen, dann wäre ein Beruf als Pilot, Reiseleiter oder eines Managers, der ständig um den Globus reist, die falsche Entscheidung. Deshalb ist es so wichtig, sich Klarheit darüber zu verschaffen, wie man sein Leben gestalten will und was äußerste Priorität hat.

Welchen Stellenwert haben Fähigkeiten und Talente für den Traumberuf?

Die besten Leistungen werden Sie natürlich auf dem Gebiet erzielen, in dem sie die meisten Begabungen besitzen.

Das muß aber nicht heißen, daß wir unbedingt den Beruf ausüben müssen, der unseren hervorstechenden Neigungen entspricht. Man kann auf jedem Gebiet erfolgreich sein, vorausgesetzt man eignet sich eben die dazu notwendigen Kenntnisse und Voraussetzungen an.

Natürlich ist es leichter und bequemer die Fähigkeiten auszubauen und einzubringen, die einem bereits in die Wiege gelegt wurden. Um so mehr diese Begabungen entwickelt werden, um so bessere Berufsaussichten stehen zur Verfügung. Ohne spezielle handwerkliche Begabungen wird es schwierig sein, große Erfolge als Handwerksmeister zu haben. Und ohne musische Talente kann sich auch keiner auf die Bühne stellen und ein Konzert dirigieren. Doch wenn es der absolute Herzenswunsch ist, Dirigent zu werden, wird man auch dieses schaffen können, durch die Kraft der Gedanken und Vorstellung. Nichts ist unmöglich! Natürlich benötigt man wesentlich mehr Anstrengung und Ausdauer für einen Beruf, für den man das nötige Wissen erst Schritt für Schritt aufbauen muß. Oft glauben wir auch nur, wir hätten auf dem einen oder anderen Gebiet keine Talente, aber wenn wir uns überwinden können, und mit der Materie befassen, spüren wir plötzlich, daß sehr wohl Begabungen vorhanden sind. Im Verborgenen schlummert vieles, das nur geweckt werden muß.

Fähigkeiten und Kenntnisse zu erwerben ist die eine Seite, den besten Arbeitsplatz oder Erfolg im Beruf zu haben, ist noch eine andere. Wir kennen genügend Beispiele von begnadeten Menschen, die außergewöhnliches Können und Fähigkeiten hatten, aber trotzdem immer an der Armutsgrenze lebten. Denken Sie nur an die berühmten Maler, die exzellente Bilder gemalt haben, aber nie eines verkauften, zumindest nicht zu Lebzeiten. Oder der talentierte Schreinermeister, der trotz größten Geschicks sein Geschäft wieder schließen muß.

Deshalb muß immer ein starker Wunsch nach Erfüllung des Vorhabens und nach Erfolg vorhanden sein. Ohne ausreichende finanzielle Mittel können wir auf dieser Welt weder existieren, noch unsere Wünsche verwirklichen. Der Schreiner muß seinen Traum vom eigenen Geschäft begraben, wenn er seine Aufmerksamkeit und Zielstrebigkeit nur auf die Erfüllung seines Berufswunsches, aber nicht auf die Wirtschaftlichkeit des Unternehmens richtet.

Es ist wichtig, alle Voraussetzungen für den Traumberuf zu erfüllen, aber gleichzeitig muß der Wunsch nach Verwirklichung des Vorhabens, ob als Arbeiter, Angestellter oder Selbständiger mit an erster Stelle stehen. Nur wenn man den idealen Platz gefunden hat, an dem man seine Leistungen und Kenntnisse einbringen und verwirklichen kann, wird man Erfüllung im Leben finden. Unter diesen Umständen wird jeder Mensch sein Bestes geben, sich voll einbringen, und das Beste wird wiederum auf ihn zurückkommen. Und ich übertreibe nicht, wenn ich sage, daß viele Geschöpfe auf dieser Erde von Ihrem vorbildlichen Einsatz und positiven Ausstrahlung profitieren werden.

Man lebt erst wirklich, wenn man seine Aufgabe und seinen Platz im Leben gefunden hat. Dabei spielt es überhaupt keine Rolle, welchen Beruf man erwählt, oder ob man mehrere Berufe in seinem Leben ausübt. Die einzige Voraussetzung ist, es muß von Herzen kommen.

Finden Sie heraus, was wirklich in Ihnen steckt, und beginnen Sie das zu verwirklichen, was Sie drängt. Sie können es schaffen. Jeder kann es! Es kostet je nach Berufsziel vielleicht ein bisschen mehr oder weniger Mühe und Anstrengung, aber es lohnt sich. Sie haben ein Leben bekommen mit einer Zeitspanne von 80 Jahren oder mehr. Und Sie beherbergen eine Kraft in sich, die Ihre Vorstellungen, Träume und Wünsche verwirklichen kann.

Ralph Waldo Emerson sagte: ***„Wer rechtmäßigen Zugang hat zum Verstand, der ist Meister des gesamten Besitztums."***

Es liegt also ganz allein in Ihrer Hand, was Sie aus Ihrem Leben machen und wie Sie es gestalten. Sie können jeden Beruf ausüben, den Sie sich wünschen, ohne irgend einen anderen Menschen zu benachteiligen oder Schaden zuzufügen. Im Gegenteil, Sie bereichern nicht nur sich selbst, sondern den ganzen Globus. Werden Sie ein Vorbild für andere, lassen Sie sie teilhaben an Ihrer Freude, Begeisterung und Ihrem Erfahrungsschatz. Denken Sie darüber nach und ergreifen Sie die Chance, die vor Ihnen steht und ruft: „mach etwas aus deinem Leben, entscheide Dich für das Glück und sieh einer Zukunft entgegen, die dich erfüllt und ausfüllt."

Jesus betonte es immer wieder mit den Worten:

Alles was der Mensch sät, wird er auch ernten.
Galater 6,7

Die Saat Ihrer Gedanken ist genauso real und ertragreich, wie wenn der Bauer auf dem Feld sät.

Ganz gleichgültig, welcher Beruf in Ihrem Geiste herumspukt, nehmen Sie die Empfindungen und Glücksgefühle, die es in Ihnen auslöst, ernst. Alle Umstände, die zur Verwirklichung nötig sind, werden, wenn Sie beharrlich an Ihrem Endziel festhalten, sich früher oder später verwirklichen. Voraussetzung ist, daß Ihr Wunschtraum dem Wohle aller dient, und nichts mit Korruption und Betrügereien zu tun hat. Eine Beschäftigung, mit der Sie wissentlich irgend jemandem Schaden zufügen, sollten Sie tunlichst vermeiden, denn es wird Sie eines Tages mit ganz besonderer Härte einholen. Auch das ist ein Gesetz! Aber Sie haben es überhaupt nicht nötig, anderen Menschen auf irgend eine Art und Weise das Leben schwer zu machen. Konzentrieren Sie sich auf ***Ihr*** Leben, ***Ihre*** Freuden, ***Ihren*** Traumberuf und ***Ihr*** Glück und Sie werden der Baumeister Ihrer eigenen schönen Welt.

Wenn Sie also abends mit dem Gedanken Architekt zu werden ins Bett gehen, aber ständig Gedanken der sogenannten Vernunft, wie: „du hast doch gar nicht die Ausbildung dafür, außerdem bist du doch schon viel zu alt, und überhaupt, wo solltest du denn das Geld hernehmen," Sie versklaven wollen, dann werfen Sie diese Eindringlinge schnellstens aus dem Fenster. Behaupten Sie stattdessen: „wenn es meine Berufung ist, und großartige Talente für den Beruf des Architekten in mir schlummern, werde ich die Umstände in mein Leben ziehen, die zur Verwirklichung meines Traumes von Nöten sind." Lassen Sie die freudvollen Empfindungen zu und träumen Sie Ihren Traum, bleiben Sie dabei, und verlieren Sie ihn nicht mehr aus den Augen. Er wird sich verwirklichen.

Also, was immer es ist, ob Sänger, Kunstmaler, Krankenschwester, Physiker oder der Wunsch nach einem liebevollen Familienleben, wenn Sie abends mit dem Gedanken einschlafen und morgens damit aufwachen, ist es Ihre Berufung, und Sie sollten etwas unternehmen.

Allein der Wunsch ist schon Beweis genug dafür, daß Sie auch die Kraft besitzen, sich Ihren Traum zu erfüllen. Denn Sehnsüchte und Herzenswünsche, die dem Wohle aller Menschen dienen, werden Ihnen von Gott gegeben.

Nehmen Sie Ihre Träume abends mit ins Bett und wachen Sie morgens mit ihnen auf, wenn es die gewünschte Rolle ist, die Sie in Ihrem Leben spielen wollen. Dann werden Sie garantiert die Umstände und Menschen zu sich ziehen, die Ihnen bei der Verwirklichung Ihres Vorhabens behilflich sind.

Wenn Sie Ihr Berufsziel entdeckt haben, und Freude und Begeisterung für diese Idee empfinden, dann gehen Sie allen Gegenargumenten schnellstens aus dem Weg. Mögen die Ratschläge auch noch so überzeugend sein, bleiben Sie beharrlich bei dem Wissen, daß Sie nur dort Ihr Glück finden werden, wo Sie am meisten Spaß haben, und am meisten geben können. ***Niemand außer Ihnen selbst weiß was gut für Sie ist.*** Übernehmen Sie ganz bewusst und mit allen Konsequenzen die Verantwortung für ***Ihr eigenes Leben,*** denn es gehört Ihnen ganz allein. Trennen Sie sich von den Meinungen der Massen. Verkriechen Sie sich stattdessen in einem stillen Kämmerchen und denken Sie über Ihre Eigenschaften, Vorstellungen und Wünsche nach. Verstopfen Sie Ihre Ohren gegenüber Ihrer Umgebung, der Außenwelt, den gut gemeinten Vorsichtsmaßnahmen und Ratschlägen. Und falls Ihnen bei Ihrer Entscheidung ein sogenannter „Fehler" unterlaufen sollte, dann ist es eine absolute Notwendigkeit, eine wertvolle und wichtige Erfahrung, die Ihr späteres Leben bereichern wird. Fehlentscheidungen sind Erfahrungen und Lernchancen, um bestimmte Charakterzüge zu entwickeln oder geistige Einstellungen zu korrigieren, die für eine erfolgreiche und glückliche Zukunft unentbehrlich sind.

Verschwenden Sie auch keine Zeit mit der Annahme, Sie müssten nun bis zum Ende Ihres Lebens diesen Beruf beibehalten. Wer weiß, vielleicht ist er nur ein Sprungbrett zu einer Aufgabe, an die Sie in Ihren kühnsten Träumen nicht gedacht hätten. Es kann sein, daß Sie dadurch Menschen kennen gelernt haben, oder auf bestimmte Wissensgebiete aufmerksam wurden, die für Ihren weiteren Lebensplan von unschätzbarem Wert sein werden.

Konsequenz führt zum Ziel

Ich selbst stand vor Jahren an einem Punkt, an dem mir klar wurde, daß der Weg, Krankenschwester zu werden, für den ich mich seit langem entschieden hatte, nicht mehr meinen Vorstellungen entsprach. Der Dienst am Menschen und die Atmosphäre im Krankenhaus hätten mir schon zugesagt, aber die Art und Weise, wie die Patienten behandelt wurden, konnte ich mit meiner Auffassung von Heilen nicht vereinbaren. Nach sechs Monaten beendete ich die Schwesternausbildung ohne irgend eine Zukunftsvision. Zwei Monate später bot sich ein Schule für Arztsekretärinnen an, die ich dann in Freibug absolvierte. Doch dieser Beruf sagte mir noch viel weniger zu. Ein Gefühl der Leere und Ratlosigkeit entstand. Das einzige was ich wusste, war, daß ich kranken Menschen helfen wollte, und es Methoden geben mußte, mit denen man wirklich heilen kann.

Ich arbeitete nun viele Monate als Nachtschwester im Krankenhaus und schrieb mich außerdem im Dolmetscherinstitut ein, um meine Sprachkenntnisse zu erweitern. Im Krankenhaus traf ich auf eine Kollegin, deren Tante Heilpraktikerin war und sie berichtete mir ausführlich über diesen Beruf. Mein Interesse wuchs zusehends, und mir wurde sehr bald klar, daß das mein Traumberuf war und darin meine Zukunft liegen würde. Die Vorstellung, selbstverantwortlich mit großartigen Heilmethoden Menschen zu behandeln, erweckte in mir ein unbeschreibliches Glücksgefühl. Sogleich stellte ich Erkundigungen über diesen Beruf an. Aber bei intensiver Nachforschung stellte sich heraus, daß die Heilpraktikerschule drei Jahre dauert, viel Zeit in Anspruch nimmt und sehr teuer ist. Mit Nebenjobs war es nicht möglich, Schule, Lehrmaterial, und den Lebensunterhalt zu finanzieren. Im ersten Moment war ich sehr enttäuscht, aber ich ließ mein Berufsziel nicht mehr aus den Augen. Dieser Weg war zwar zum jetzigen Zeitpunkt, da ich mich nicht von meinen Eltern unterstützen lassen wollte, versperrt, aber ich wusste ganz genau, daß Heilpraktiker meine Berufung war, und daß der Tag kommen wird an dem ich meine eigene Praxis eröffne.

Die wochenlangen Nachtdienste im Krankenhaus erschöpften mich so sehr, daß ich nach einigen Monaten kündigte und anstelle dessen zum Studentenschnelldienst ging, und die Stellen annahm, die dort angeboten wurden. Vom Fließband bis zum Zimmermädchen scheute ich keine

Arbeit. Es war eine sehr interessante und lehrreiche Zeit, speziell für meinen zukünftigen Beruf, da ich mit vielen Menschen verschiedenster Kulturen und Berufsgrade in Kontakt kam. Die letzte Stelle, die ich durch den Schnelldienst bekam, war eine buchhalterische Tätigkeit in einer Rechtsanwaltskanzlei, die ich durch schulische Vorbildung zwar beherrschte, aber mir wenig Freude bereitete. In den ein bis zwei Jahren gab ich aber stets mein Bestes und war wegen meiner Genauigkeit angesehen und somit eine Bereicherung für die Kanzlei.

Eines Tages nahm mich eine der Sekretärinnen zur Seite und meinte: „Du hast mir einmal erzählt, du würdest gerne Heilpraktikerin werden. Als ich heute die Süddeutsche Zeitung studierte, fiel mir eine Anzeige ins Auge, in der es hieß, „Abendschule für Heilpraktiker".

Es verging kein Monat und ich war an der Schule gemeldet, und es vergingen keine zwei Jahre und ich hatte meine Zulassung als Heilpraktikerin.

Sogar der Zeitpunkt der Prüfung war perfekt, denn ich hätte die Prüfung nicht viel früher machen können, weil ein bestimmtes Alter vorgegeben ist.

Es lief also alles nach einem vollkommenen Plan. Eine unsichtbare Kraft in mir hat mich gelenkt und geleitet, und mich mit den Menschen zusammen geführt, die mir den Weg weisen sollten. Jede Arbeit, jeder Handgriff, den ich tat, waren von unschätzbarem Wert für meinen Werdegang.

Bleiben Sie eisern, auch wenn eine Vielzahl an gut gemeinten Argumenten über Sie hereinbricht, wie:

„Dafür bist du doch schon zu alt."
„In diesem Beruf gibt es zu viele Bewerber."
„Du hast keine Aufstiegsmöglichkeiten."
„Unregelmäßige Arbeitszeiten sind schlecht für die Gesundheit."

„Dieser Beruf bietet keine Sicherheit."
„Der Verdienst ist zu gering."
„Der Beruf ist nicht genügend anerkannt, Heilpraktiker z.B."
„Die Zukunftsaussichten in diesem Beruf sind schlecht."

Oder zum Thema Frauen:

„Als Frau hast du sowieso keine Chance."
„Frauen werden immer benachteiligt."
„Das ist keine Arbeit für eine Frau."

Und unzähliges mehr.

Zum Thema Frauen

Die Frau, die ihren Mann stand

Ich kann mich noch genau daran erinnern, als vor sehr langer Zeit, ich war noch ein Kind, ein riesiger Lastwagen mit Hänger in unseren Hof einbog. Normalerweise war daran nichts Besonderes, daß Autos in verschiedensten Größen aus und einfuhren, um das Baugeschäft meines Vaters regelmäßig mit Baumaterialien zu beliefern.

Aber dieser ganz spezielle Lastzug war für alle eine Sensation, für den Buchhalter genauso wie für unsere eigenen Fahrer, und auch für meinen Vater.

Als sich die Tür des Führerhauses öffnete, sprang eine freundlich grüßende, zierliche, weibliche Person heraus. Sie war sehr klein und kann nicht mehr als vierzig Kilo gewogen haben. Wie die Prinzessin auf der Erbse hatte sie Unmengen von Kissen auf ihrem Sitz gestapelt um überhaupt aus dem Fenster schauen zu können. Aber das Erstaunen erreichte seinen Höhepunkt als diese zierliche Frau die Bordwand des LKWs mit einer Schnelligkeit und Gewandtheit öffnete, einen Sack Zement auf ihre Schultern warf, und mit dem Ausladen begann. Es dauerte eine ganze Weile, bis die Fahrer sich wieder an ihre Aufgaben erinnerten, auf die Rampe stiegen und mit abluden. Während sie die schweren Säcke trug, pfiff sie heiter vor sich hin.

Mein Vater hielt große Stücke auf sie, weil sie so zuverlässig, flink und freundlich war. Auch die männlichen Kollegen und Arbeiter hatten großen Respekt vor ihrer Leistung. Sie und ihr Lastzug waren eins. Das Strahlen in ihren Augen, die Lebenslust und der Tatendrang, die von ihr ausgingen, verrieten, daß sie voll und ganz in ihrem Traumberuf aufging. Diese Frau hat ihren Traum wahrgemacht, und sich in der eingeschworenen Männerwelt durchgesetzt. Denn wo gibt es noch mehr Männer als in der Baubranche? Außerdem gehörten zu dieser Zeit, es war in den fünfziger Jahren, die Frauen mit Führerschein, geschweige denn für Lastzüge, noch zur absoluten Seltenheit.

Frau oder Mann, jeder erreicht genau das, was er sich vorstellt. Das Gesetz von Ursache und Wirkung ist für alle Menschen gleich, und kennt keinen Unterschied der Geschlechter. Dort, wo die Aufmerksamkeit ruht und die Gedanken verweilen, ist der Ort der Entstehung und Verwirklichung.

Die folgende Biographie macht deutlich, welchen außergewöhnlichen Weg auch

Madame Curie ging.

Zweimal wurde Sie mit dem Nobelpreis in zwei verschiedenen Wissensgebieten geehrt. Das ist in der Geschichte absolut einmalig!

Madame Curie war eine Frau, die ein klares Ziel vor Augen hatte und unbeirrt daran festhielt. Sie stammte aus einer polnischen Familie, deren finanzielle Mittel, obwohl der Vater Physiklehrer war, für ein Studium nicht ausreichten. Sie nahm in Warschau, wo sie lebte, eine Stelle als Erzieherin an, damit erstmals ihre Schwester Medizin studieren konnte. Nachdem ihre Schwester Ärztin war, begann sie in Paris, im Alter von fünfundzwanzig Jahren ihr heißersehntes Studium der Chemie und Physik. Es waren Jahre, die von Armut überschattet waren und schlimmster Entbehrungen bedurften.

Ihre Ernährung bestand aus Zwieback und Obst, und ihre Behausung war ein winziges Mansardenzimmer, in dem sie eisige Kälte erdulden musste, weil sie kein Geld für Holz und Kohlen besaß. In dieser Umgebung arbeitete sie bis zur Erschöpfung. Immer wieder erkrankte sie, doch ihr eiserner

Wille brachte sie immer wieder auf die Beine. Trotz dieser extremen Bedingungen bestand sie alle Prüfungen mit Auszeichnung. In Kürze zog sie durch ihre brillanten Abschlüsse die Aufmerksamkeit auf sich und bekam selbständige Arbeiten zugeteilt. Nun hatte sie es geschafft, und konnte sich voll ihrem Ziel widmen.

In Paris lernte sie einen jungen hochbegabten, bereits anerkannten Physiker namens Curie kennen und lieben. Die Hochzeit ließ nicht lange auf sich warten, und kurz nachdem ihre Tochter geboren wurde, begann sie mit ihrer Doktorarbeit. Sie machte viele Experimente und den Curies wurde immer bewusster, daß sie an der Schwelle einer großen wissenschaftlichen Entdeckung standen.

Ohne technische Hilfsmittel und die richtigen Apparate experimentierten sie unaufhörlich in einem reparaturbedürftigen, wieder einmal ungeheizten Schuppen. Trotz all dieser Schwierigkeiten und Behinderungen stießen sie auf ein neues Element.

Als erste und einzige Wissenschaftlerin, hatte sie den Nobelpreis in zwei verschiedenen Fächern bekommen.

Es muß natürlich nicht jeder ein Genie werden, so wie es Madame Curie war.

Es geht lediglich darum, sich ohne wenn und aber für das zu entscheiden, was man im tiefsten Inneren fühlt. Es ist einzig und allein diese innere Stimme, der man vertrauen muß, um die richtige Entscheidung zu treffen.

Der Beruf der Mutter und Hausfrau

Nicht jede Frau sieht in der Wissenschaft ihren Traumberuf. Für viele ist die Vorstellung, eine Familie zu gründen und zu managen ein erstrebenswerter Traumberuf. Der Aufgabenbereich einer Mutter ist vielfältig und verantwortungsvoll wie kaum ein anderer. Dieser Beruf müßte eigentlich die höchste Auszeichnung erfahren. Er beinhaltet nicht nur eine Vielzahl verschiedenster Aufgaben, sondern auch psychologisches und pädagogisches Gespür. Mütter sind sowohl Lehrer, Erzieher, Krankenschwester und Seelsorger für ihre Kinder als auch die Stütze ihrer Männer. Ein gemütliches, freundliches Zuhause stärkt das Wohlbefinden und die Arbeitskraft der Männer, und wirkt sich besonders positiv auf die Entwicklung der Kinder aus. Und die Kinder sind es doch, die unsere Zukunft bestimmen. Es gibt nichts Wichtigeres als Mütter, die voll zu ihrer Aufgabe stehen und alles geben um ihren Kindern die wahren Werte des Lebens zu vermitteln. Wer also sollte diesen Beruf nicht als einen der wichtigsten und schwierigsten Berufe anerkennen? Hören Sie also nicht auf die Stimmen der Außenwelt, sondern folgen Sie ausschließlich Ihrer inneren Stimme, die Ihnen den richtigen Weg in Ihrem Leben weisen wird. Es gibt nichts Wichtigeres als Mütter die ihren Beruf ernst nehmen, und nicht nur der Schule oder dem Kindergarten die Bildung ihrer Kinder überlassen. Jean Paul schrieb dazu: ***„Mit einer Kindheit voll Liebe kann man ein halbes Leben hindurch die kalte Welt aushalten.“*** Eine liebevolle, individuelle Erziehung ist das Höchste, das wir anstreben sollten, und diese kann nur die Mutter oder die Familie bieten. Die Schule ist eine wichtige und schöne Grundlage für die spätere Berufsausbildung, aber die Grundwerte müssen in der Familie gelehrt werden. Jedes Kind sollte nach seiner Individualität gefördert werden. ***Erziehung bedeutet nicht ein Kind zu formen, sondern seine individuellen Entwicklungsmöglichkeiten zu entdecken und zu fördern.***

Nicht für jeden bedeutet das Ansammeln von Wissen auch eine Bereicherung für sein Leben.

Einstein schrieb über die Schule: ***„Die Schule hat bei mir die heilige Neugier des Forschens erdrosselt.“***

Wie unterschiedlich jedes Kind sein kann, und in welcher Weise es gefördert werden sollte, können Sie auch in meinem Buch: ***„Bachblüten und Steine enthüllen das Geheimnis von Konzentrationsstörungen und Schulproblemen“*** erfahren.

Merksätze

Unzufriedenheit ist die Stimme Gottes, die nach Höherem drängt.

Sehen Sie Ihre Unzufriedenheit als Chance für einen neuen Weg.

Jetzt in diesem Augenblick können Sie die Weichen für eine grundlegende Veränderung in Ihrem Leben stellen.

Wagen Sie es, über Ihre Träume und Wünsche nachzudenken.

So, wie Ihr Denken Sie an diesen Platz geführt hat, kann Ihr Denken Sie auch an den Platz Ihrer Träume führen.

Sie sind hier um ein erfülltes, glückliches Leben zu führen. Sie sind hier um Ihren wahren Platz im Leben zu finden. Sie sind hier um Gebrauch von der Kraft der Gedanken und des Glaubens zu machen.

Machen Sie sich ein genaues Bild von Ihrem Traumberuf, halten Sie das Bild beständig in Ihren Gedanken fest und seien Sie von dessen Erfüllung überzeugt. Sie werden die Umstände und Menschen anziehen, die für die Verwirklichung Ihres Vorhabens wichtig sind.

Die schöpferische Umsetzung reicher Fantasie

Clematis – Weiße Waldrebe

Fantasie ist das eigentlich Schöpferische
im Menschen, der Überfluss,
der die Schönheit des Lebens ausmacht.
Walter Muschg

Clematis - Der Träumer

Eine häufige Ursache, die schon bereits in der Schule zum Versagen führt, ist eine gedankliche Abwesenheit. Man flüchtet sich in eine Welt der Fantasie und zeigt wenig Interesse am momentanen Geschehen. Dieses Verhalten führt natürlich leider all zu oft entweder zu schlechten Noten, Gefährdung des Schulabschlusses oder auch zur Entlassung am Arbeitsplatz.

Kinder oder Erwachsene mit dieser ausgeprägten Charaktereigenschaft werden dadurch meist von Eltern oder Vorgesetzten falsch eingestuft,und als dumm oder faul eingeschätzt.

Aber ihre Welt der Ideen und Vorstellungen beinhaltet ein unglaubliches Potential an wertvollsten Informationen, die, wenn sie umgesetzt werden, zu ganz außergewöhnlichen Ergebnissen führen können.

Schulbildung ist ein wertvoller Schatz, aber gute Noten oder ein vortrefflicher Schulabschluss sind keine Garantie für einen erfolgreichen Berufsweg.

Menschen mit diesen manchmal auch hellseherischen Veranlagungen haben ganz spezielle Fähigkeiten, die eben nicht der Norm entsprechen. Die Fantasie ist unser höchstes Gut und sie sollte in den Ablauf der Realität integriert werden. Der Traum muß Wirklichkeit werden, egal wie gigantisch die Vorstellungen auch sein mögen.

Wenn Sie zu dieser Gruppe von Menschen gehören, dann seien Sie stolz auf Ihren gedanklichen Reichtum. Glauben Sie ja nicht Sie seien dumm, nur weil Ihre schulischen oder beruflichen Bewertungen schlecht sind, und Ihnen vielleicht eine Portion Allgemeinbildung fehlt. Wie das Wort

Allgemeinbildung schon ausdrückt, geht es hierbei um ein Wissen, daß sich jeder aneignen kann wenn er es möchte, oder wiederum für seinen Beruf braucht. Ihre Fähigkeiten gehören jedoch in eine andere Kategorie. Sie erschaffen aus sich selbst heraus etwas Neues, etwas, das die Welt noch nie gesehen oder gehört hat. Das können bahnbrechende Erfindungen, an Schönheit kaum zu übertreffende Bilder, oder revolutionäre Heilverfahren sein.

Lassen Sie sich unter keinen Umständen in eine Schublade vorgefertigter Denkmodelle zwängen. Bringen Sie den Mut auf und legen Sie alles daran Ihre Visionen und Ideen in die Tat umzusetzen. Sie gehören zu den wenigen Freigeistern, denen wir all die großartigen Entdeckungen und wunderbaren Künste zu verdanken haben. Sie können einen großen Beitrag zur Bereicherung der Menschheit beitragen.

Albert Einstein ist ein gutes Beispiel dafür, daß die Schulbildung keine verlässliche Aussage über den Menschen macht.

Das große Genie Albert Einstein und die Schule

Lehrer und Verwandte waren sich einig, daß aus Einstein nichts werden konnte. Er entschloss sich erst mit fünf Jahren zu sprechen, aber dafür gleich in vollständigen Sätzen.

In der Schule wurde er als hoffnungsloser Fall, als eine wahre Katastrophe eingestuft. Alle Lehrer und natürlich er selbst atmeten auf, als er die Schule verließ.

Später schrieb er: ***„die Schule hat bei mir die heilige Neugier des Forschens erdrosselt.“***

Bereits in jungen Jahren, im Alter von 26 Jahren veröffentlichte der „Schulversager“, aus dem nie etwas werden sollte, seine revolutionäre ***Relativitätstheorie.***

Er folgte stets seinem Grundsatz, ***„Fantasie ist wichtiger als Wissen“.***

Albert Einstein passt genau in das Bild des Clematis geprägten Menschen. Wenn Sie also in der Schule oder am Arbeitsplatz zum Ärgernis aller häufig abwesend sind, weil sie sich in einer Welt der Fantasie befinden, dann kann Ihnen die Bachblüte Clematis Kraft und Wachheit verleihen, Ihre Träume in die Realität umzusetzen. Denken Sie daran, daß Sie in einer geistigen Welt leben, die für „normale" Menschen oft nicht nachvollziehbar oder zugänglich ist. Aber diese Ebene enthält Werte und Wahrheiten, die dem normalen wissenschaftlichen Denken zu diesem Zeitpunkt noch nicht zugänglich ist. Was man nicht beweisen kann, ist auch nicht existent, lautet die Devise. Aber es gibt Erstaunliches zwischen Himmel und Erde, das nicht sichtbar, aber sehr wohl existent ist.

Affirmation

Meine Welt der Fantasie ist ein wertvoller Schatz und führt mich direkt zu meinem Traumberuf. Ich beginne jetzt meine Ideen und Vorstellungen in die Tat umzusetzen. Ich bin voller Kraft und Aktivität und freue mich auf die Verwirklichung meiner Träume.

Merksätze

Ihre reiche Fantasie ist ein großartiger Schatz, Sie müssen sie unbedingt in die Tat umsetzen.

Unsere Träume können wir erst dann verwirklichen, wenn wir uns entschließen, einmal daraus zu erwachen.

Josephine Baker

Werden Sie wach und lassen Sie Ihre Träume sichtbar werden.

Es gibt Erstaunliches zwischen Himmel und Erde, das nicht sichtbar, aber sehr wohl existent ist.

Welcher Beruf passt zu mir?

Jeder ist dazu berufen,
etwas in der Welt zur Vollendung zu bringen.
Martin Buber

Da wir Menschen Seele, also ein göttlicher Funke sind, ist jeder von uns mit Weisheit und Kreativität ausgestattet. Gelingt es uns den Weg zu unserer Seele, dem allwissenden Zentrum der Wahrheit freizuschaufeln, werden wir von der größten Intelligenz des Universum gelenkt und geleitet. Es ist die intelligente Kraft, die unsere Bäume wachsen läßt, die Milliarden von Sternen und Sonnen auf ihren Bahnen in den Galaxien des Kosmos lenkt und die Abermillionen von Zellen unseres Körpers steuert. Wenden wir uns unserem Innersten zu, werden wir genau den Beruf erhalten, der unseren Voraussetzungen entspricht und ein erfülltes Leben garantiert.

Wenn Sie wegen Ihres Berufswunsches völlig im Dunkeln tappen und gar nicht wissen, was Sie werden sollen oder wo Ihre Begabungen liegen, dann wählen Sie einfach eine Arbeit, die Ihren Kenntnissen oder Fähigkeiten am nächsten kommt.

Wenn keinerlei Aussicht auf irgendeine einschlägige Beschäftigung besteht, dann nehmen Sie die Arbeit an, die Ihnen geboten wird.

Demosthenes sagte: „Kleine Gelegenheiten sind oft der Anfang zu großen Unternehmungen.“

Die Aussichten, ob Sie nun immer bessere Angebote bekommen, und eines Tages Ihren Traumjob finden werden, hängt auch wiederum von der Art ab, wie Sie Ihre momentane Tätigkeit ausüben. Der Arbeitsplatz an dem wir uns gerade befinden, hält eine Chance zur Entwicklung unseres Selbst bereit. Aus diesem Grund sollten wir eine ehrliche Dankbarkeit für jede Lebenssituation empfinden. Gehen Sie mit einem dankbaren Gemüt und dem Vorsatz: „Ich werde mein absolut Bestes geben“, an die Arbeit, ganz egal wie angenehm oder unangenehm sie ist, heran. So werden sich Türen öffnen und das Beste wird auf Sie zukommen. Dieser Arbeitsplatz, den Sie im Augenblick inne haben, birgt eine Vielzahl von Möglichkeiten für Ihr weiteres Leben. Vielleicht lernen Sie einen Menschen kennen, der Ihnen den Weg zu einer erfreulichen Zukunft zeigt, vielleicht hat die Firma selbst eine Abteilung, von deren Existenz Sie bis zum heutigen Tage noch nichts wussten, und genau Ihren Vorstellungen entspricht, oder vielleicht bietet sich morgen schon eine bessere Stelle. Seien Sie einfach offen! Aber bringen Sie Ihre ganze Kraft und Ihren Fleiß in Ihr momentanes Arbeitsprogramm ein. Achten Sie auf alle noch so kleinen Hinweise und Belange in Ihrer Umgebung, und fragen Sie sich immer wieder, was kann oder soll ich daraus lernen. Welche Lektion hält das Leben für mich bereit?

„Nichts ist unter ihrer Würde, was ihrem Lebensziel dient, nichts ist groß und wünschenswert, wenn es diesem Ziel nicht dient.“

Ralph Waldo Emerson

Sie werden sich wundern, was alles möglich ist, wenn man die Einstellung ändert, und mit freudiger Erwartung und dankbarem Herzen in die Zukunft schaut. Sitzen Sie also nicht länger herum, sondern beginnen Sie jetzt.

„Fürchte dich nicht vor dem langsamen Vorwärtsgehen, fürchte dich nur vor dem Stehenbleiben.“

chin. Weisheit

Sprechen Sie täglich und am besten laut, so oft es Ihre Zeit erlaubt, folgende

Affirmation

Die unendliche Weisheit offenbart mir den richtigen Arbeitsplatz (Beruf, Schule, Ausbildung), an dem ich meine

Talente und Fähigkeiten mit Freude und auf vollkommene Weise verwirklichen kann. Ich vertraue der unfehlbaren Führung, die mir jetzt zuteil wird. Ich weiß und bin zutiefst überzeugt, daß mir die perfekte Lösung enthüllt wird.

Öffnen Sie sich Ihrer inneren Führung, und achten Sie jetzt in dieser Zeit ganz besonders darauf, was um sie herum geschieht. Wundern Sie sich nicht, wenn seltsame Dinge passieren. Vielleicht treffen Sie auf eine Person, so wie ich es erlebte, die Ihnen den entscheidenden Hinweis liefert, oder es ist der Inhalt eines Buches, der über Ihre Zukunft bestimmt. Halten Sie Ihre Augen und Ohren offen und achten Sie auf alles, was Ihren Weg kreuzt.

Das Autokennzeichen

Vor vielen Jahren war ich auf der Suche nach einem geeigneten Haus, indem ich meine Praxis führen und gleichzeitig für die Familie da sein konnte. Ich weiß nur noch, daß es Dutzende von Häusern waren, die wir besichtigten und wir dabei immer frustrierter wurden, weil keines unseren Vorstellungen entsprach. Wieder fuhren wir zu einem vielversprechenden Objekt, laut Zeitungsannonce. Wir waren restlos enttäuscht, als wir das fast baufällige Haus sahen, das für einen absoluten Wucherpreis angeboten wurde. Es machte sich ein Gemisch aus Hoffnungslosigkeit, Verzweiflung und Resignation breit. Als wir wieder auf dem Heimweg waren, überholte uns ein Auto mit dem Kennzeichen **M UT 7**. Schlagartig änderte sich meine Stimmung und ich bekam wieder Mut. Während ich in den nächsten Tagen die Zeitungsannoncen studierte, rief ich mir immer wieder dieses Wort Mut in den Sinn. Nach fast zwei Jahren verzweifelten Suchens, zogen wir wenige Wochen später in eine höchst perfekte und wunderschöne Wohnung in idealer Wohnlage ein.

Öffnen Sie Ihre Augen und achten Sie auf die Hinweise, die das Leben für Sie bereit hält.

Auch die ***folgende Traumtechnik*** kann Ihnen Aufschluss über Ihre Zukunftsplanung geben und den direkten Weg zu Ihrem Traumberuf weisen.

Kurz vor dem Einschlafen sprechen Sie zu dem allwissenden Geist in Ihrem Innersten:

Du bist allwissend, du kennst meine Zukunft und du weißt, was das Beste für mich ist.

Ich werde diese Nacht träumen und mich morgen früh genau an diesen Traum erinnern. Die Lösung meines Problems (Wo finde ich den richtigen Arbeitsplatz, was ist meine Berufung, oder zeige mir den nächsten Schritt in meinem Leben?) wird mir im Traum gegeben. Ich danke für die schnelle und klare Antwort.

Legen Sie sich immer Papier und Bleistift neben das Bett, damit sie sofort Notizen machen können.

Es kann auch sein, daß Sie im Tagesgeschehen Antworten erhalten.

Eine wertvolle Traumerfahrung

Im Verlauf meiner langjährigen Praxis behandelte ich wieder einmal einen Patienten, dessen Krankheit als unheilbar galt. Wir machten recht gute Fortschritte, aber eben nur gute. So bat ich eines Abends, nachdem ich mich schlafen gelegt hatte, meine höhere Intelligenz, sie möge mir das passende Heilmittel für meinen Patienten offenbaren. Es vergingen ein paar Wochen bis eines Morgens der Name einer eher unbekannten Pflanze sich in mein Bewußtsein drängte. Nach eingehender Überprüfung wandte ich das Mittel an, das mir die Apotheke in homöopathischer Form herstellte, und es war ein großer Erfolg.

Jeder Mensch hat Zugang zur göttlichen Weisheit. Wann immer wir es wünschen, wird uns eine wunderbare innere Führung zuteil. Die Antworten können in nächtlichen Träumen, aber auch in Form von Ahnungen, blitzartigen Erkenntnissen, Hinweisen oder in einem Zwang zum Handeln, bestehen.

Wenn Sie ungeduldig werden, weil die ersehnten Träume auf sich warten lassen, und die Affirmation noch keine Wirkung zeigte, dann wiederholen Sie immer wieder in völlig entspannten Zustand die Worte:

Ich weiß, daß die perfekte Lösung für mein Problem, in der mir innewohnenden Weisheit zu finden ist, und mir jetzt enthüllt wird. Ich befinde mich in einer Stimmung der Freude und Dankbarkeit, so als ob mein Problem schon gelöst ist. Ich lebe in einem Gefühl des unerschütterlichen Glaubens und der festen Überzeugung, daß ich die Antwort bereits erhalten habe. Denn diese Stimmung der Freude, der Frohsinns und der tiefen Dankbarkeit bringt die Lösung. Ich vertraue der göttlichen Intelligenz in mir, die alles weiß und die Antwort kennt, und sie mir im richtigen Augenblick offenbaren wird. Ich spüre, wie Frieden, Erwartungsfreude und grenzenloses Vertrauen mein ganzes Wesen durchflutet.

Klare Vorstellung bringt Erfolg

Wild Oat – Berufung

Wild Oat – Berufung

Es gibt auch eine Vielzahl von Menschen, die so viele und verschiedenartige Talente und Interessen haben, daß sie aus diesem Grund nicht wissen, welchen Beruf sie anstreben oder ausüben sollen. Weil ihnen klare Zielvorstellungen fehlen, wollen sie sich auch nicht festlegen und finden sich deshalb immer wieder in unbefriedigenden Situationen. Also auch ein Zuviel an Fähigkeiten und Begabungen kann zu einem unbefriedigenden Berufsleben führen. Wenn Ihre Unzufriedenheit darin begründet liegt, daß Sie Ihre Lebensaufgabe nicht finden, dann wird Ihnen auch die im vorigen Kapitel beschriebene Affirmation oder Traumtechnik zur richtigen Entscheidung verhelfen. Die Bachblüte Wild Oat steht natürlich auch jeder Zeit als Essenz zur Verfügung um Klarheit in die Sicht der Dinge zu bringen.

Merksätze

Beginnen Sie an dem Ort, an dem Sie sich gerade befinden.

Nehmen Sie die Arbeit an, die sich Ihnen bietet.

Geben Sie immer Ihr Bestes, egal um welche Aufgabe es sich handelt.

Achten Sie auf die Hinweise durch Träume oder im Äußeren.

Fragen Sie sich immer: „Was kann oder soll ich daraus lernen?"

Nehmen Sie eine freudige Erwartungshaltung ein, mit der Überzeugung, daß sich jeden Augenblick die Offenbarung Ihres Traumberufes zeigen kann.

Arbeitgeber oder Arbeitnehmer?

Die Arbeit, die tüchtige, intensive Arbeit,
die einen ganz in Anspruch nimmt mit Hirn und
Nerven, ist doch der größte Genuss im Leben.
Rosa Luxemburg

Erstmals sollten Sie sich Klarheit darüber verschaffen, ob Sie Arbeitnehmer werden wollen, oder ob Ihre Talente mehr in Richtung Selbständigkeit zeigen.

Am besten ist es, wenn Sie sich eine Aufstellung machen, um zu sehen was Sie auf der einen oder anderen Seite erwartet, wie z.B.

Arbeitgeber	***Arbeitnehmer***
Risiko	Sicherheit
Sehr große Verantwortung	Geringere Verantwortung (Ausnahme)
Unbegrenzte Arbeitszeit	Geregelte und bezahlte Arbeitszeit
Arbeiten auch am Abend und an den Wochenenden	Jede Überstunde wird bezahlt
Wenig Freizeit	Viel Freizeit
Finanzielles Risiko	***Regelmäßige Bezahlung***
Muß alle Kosten tragen:	***Erhält zusätzliche Leistungen:***
	– Krankengeld – Urlaubsgeld – Weihnachtsgeld – Arbeitslosengeld – Mutterschutz – Fahrgeld – Bezahlung von Überstunden – Anteiliger Beitrag von Versicherungen

Finanzierung des Arbeitsplatzes:	***Keinerlei Eigenkapital oder Investitionen***
Räume, Geräte, Maschinen, Büromaterial, Einrichtung usw.	
Nebenkosten:	
Reinigungspersonal, Strom, Gas, Wasser, Heizung	–
Löhne und Gehälter	–
Mehr Entscheidungsmöglichkeiten:	Begrenzte Einflussnahme möglich
– Verwirklichung von Ideen – Mehr Freiheit	

Es gibt natürlich noch viele andere Faktoren, je nach Berufszweig.

Damit verschaffen Sie sich aber erstmals einen groben Überblick. Wenn Sie Ihr Berufsziel genauer im Auge haben, dann machen Sie sich nochmals eine ganz detaillierte Aufstellung.

Prüfen Sie aber sorgfältig, welchen Stellenwert Freizeit, Sicherheit, Familie und Urlaub für Sie haben. Führt Ihr Wunsch Sie unausweichlich in die Selbständigkeit, werden Sie wahrscheinlich, zumindest in den ersten Jahren, in Bezug auf Freizeit und Urlaub große Abstriche machen müssen.

Nachdem Sie alle Pro und Kontra Punkte geklärt haben und ein Mensch sind, der seine Freiheit über alles liebt, kein Risiko scheut, dem es Spaß macht, Verantwortung zu übernehmen, kreativ zu sein, gern arbeitet, bei aufkommenden Schwierigkeiten Stärke und Ausdauer zeigt, und nach Erfolg strebt, dann sind Sie mit wertvollen Voraussetzungen für den Weg in die Selbständigkeit gesegnet. Zögern Sie nicht länger. Schaffen Sie Arbeitsplätze, wenn es Ihnen möglich ist, und helfen Sie beim Aufschwung des Landes.

Sollten Ihre Beweggründe jedoch rein berechnender Natur sein, oder Zwecken der Machtausübung dienen, so ist der Ausgangspunkt falsch und verwerflich. Wenn Sie zum Beispiel den Beruf des Arztes nur aus dem Grund erlernen wollen, um hohes Ansehen und Bewunderung zu erhalten, oder das Studium des Rechtsanwaltes auf sich nehmen, lediglich um das Gesetz zu verdrehen und Macht auszuüben, dann arbeiten Sie an der Zerstörung mit. Durch dieses eigennützige Verhalten kommt es wieder zu einem Ungleichgewicht der Arbeitsaufteilung, weil die notwendigen und wichtigen Aufgaben in den falschen Händen sind. Ehrliche Anerkennung und aufrichtige Bewunderung, werden Sie aber nur dort ernten, wo Sie mit Ihrem Herzen bei der Sache sind.

Das Motto muß immer lauten: „wie setze ich meine Fähigkeiten und Talente, die mir Freude bereiten, zum Wohle der Allgemeinheit ein." Nur auf diese Weise werden Sie Ihr wahres Glück in diesem Leben finden.

Ist jemand Arzt ohne Berufung, so werden es die Patienten spüren, und seine Unfähigkeit wird sich auf die ganze Ärzteschaft nachteilig auswirken. Dies kann wiederum einen ganzen Berufsstand in Verruf bringen.

Es gibt für jeden Menschen eine Aufgabe, sei es als Selbständiger, Angestellter, oder Arbeiter, in der er Großes leisten kann. Ein Mensch sollte nicht nach seinem Titel beurteilt werden, sondern nach seinen Leistungen. Dabei fällt mir Mutter Theresa ein. Sie war ein außergewöhnlicher Mensch mit einer bewundernswerten Persönlichkeit. Sie war ihrer Berufung gefolgt, und hat Abertausenden von Menschen in größter Armut und Elend geholfen. Natürlich muß nicht jeder Mensch Mutter Theresa werden, um Gutes zu tun. Um helfen zu können, wo auch immer, benötigen wir auch Geld. Deshalb ist es von enormer Wichtigkeit, nach vorne zu streben, die volle Arbeitskraft einzubringen um die Wirtschaft anzukurbeln. Um so mehr reiche Leute es auf der Welt gibt, um so mehr können die Armen unterstützt werden. Immer häufiger gibt es Spendenaufrufe weil die Bedürftigkeit der Menschen, ob durch Korruption oder Katastrophen, ständig steigt. Es ist also keine Schande wohlhabend zu sein, sondern eine unentbehrliche Notwendigkeit um helfen zu können. Wenn genügend Geld vorhanden ist, können auch vor Ort Stationen eingerichtet werden. Dort können Menschen angeleitet und angelernt werden, auch ihre innewohnenden Kräfte zu mobilisieren, um aus eigener Kraft das Leben zu meistern. Wir benötigen eine Vielzahl von Menschen, die in ihrem Beruf ihr Bestes geben und viel Geld verdienen.

Aber die Entscheidung zur Selbständigkeit birgt große Verantwortung in sich und sollte keinesfalls leichtfertig entschieden werden. Es gibt eine enorm hohe Anzahl von Selbständigen, die ihr Unternehmen in den ersten Jahren wieder schließen, weil Sie unwissend, unüberlegt oder nicht nach den Gesetzmäßigkeiten von Ursache und Wirkung gehandelt haben. Wenn Sie beharrlich an Ihrem Ziel und der Einkommensvorstellung festhalten, dann werden Sie unweigerlich erfolgreich sein. Vor allen Dingen muß der Glaube eine machtvolle Überzeugung sein, Sie müssen es sehr deutlich spüren, dann werden Sie alles erreichen, was Sie sich vorstellen. Je intensiver Sie von der Wahrheit dessen, was Sie bekräftigen, überzeugt sind, desto mehr Kraft hat Ihre Aussage und um so schneller werden Ihre Träume wahr.

Um so mehr Menschen ihrer Berufung folgen und den Mut aufbringen, sich selbständig zu machen, und eisern an ihrem Vorstellungsbild festhalten, um so mehr Arbeitsplätze gibt es. Und um so mehr Angestellte und Arbeiter wiederum ihr Bestes geben, um so mehr Firmen bleiben auch erhalten. Viel Geld im Umlauf ist somit gleichbedeutend mit Schönheit, Bequemlichkeit, Freude, Entfaltung und Freiheit. Geld und Reichtum wird nur dann zu einer Gefahr, wenn es aus Unwissenheit heraus zu Machtzwecken benutzt wird, wie es leider viel zu oft der Fall ist. Genauso bewirkt das Horten von Geld oder Einnähen in die Matratze einen Stillstand. Geld muß fließen, muß in den Kreislauf eingebracht werden, damit wieder etwas Sinnvolles und Nützliches daraus entstehen kann. Wachstum ist Leben, Stillstand ist Tod.

Nehmen wir einmal an, Sie haben sich dazu entschlossen eine Firma zu gründen, und es geht Ihnen von Jahr zu Jahr finanziell immer besser. Sie können sich es nun leisten, den Auftrag für Ihr Traumhaus zu vergeben. Was passiert? Wer profitiert davon?

Der Architekt,
der Baumeister,
der Dachdecker,
der Glaser,
der Fliesenleger,
der Bodenleger,
der Innenarchitekt,
der Maler,
der Gärtner,

und viele andere Berufssparten mehr, freuen sich über die Aufträge und den daraus resultierenden Verdienst. Ein Lawine positiver und wachstumsfördernder Ereignisse wurde ins Rollen gebracht. Das Geld ist jetzt im Umlauf und dient wiederum anderen Menschen zu deren Entfaltung.

Zieht es der Chef aber vor, in seinem kleinen oder alten Haus zu bleiben, weil er vielleicht die vielen Neider und Menschen, die ihm seinen Erfolg missgönnen, scheut, und schließt er sein Geld in einen Tresor, bedeutet es einen Rückschritt für das Wohl der Allgemeinheit.

Dankbarkeit wäre die richtige Geisteshaltung, wenn wir neue Häuser, wunderschöne Bauwerke und prächtige Gärten sehen. Wohlwollen sollten wir aussenden gegenüber den Menschen, die diese Dinge vollbracht haben. Auch wir dürfen uns an diesen Schönheiten erfreuen. Oder bevorzugen Sie einen Spaziergang durch eine trostlose Gegend mit baufälligen und verwahrlosten Häusern?

Jeder Mensch bekommt das, was er sich von Herzen wünscht und seinem Ziel treu bleibt. Allein Ihre Gedanken und die Art, wie Sie am Geschehen des Ganzen mitwirken, sind verantwortlich, ob Sie ein Leben in Reichtum oder Armut, in Freude oder Missgunst führen.

Gönnen Sie Ihrem Chef den Wohlstand. Glauben Sie mir, ob mit geistiger Vorstellungskraft, oder als Praktiker mit außergewöhnlichem Ehrgeiz und Durchhaltevermögen, er hat es sich auf jeden Fall verdient. Der Neid kommt paradoxer Weise in verstärktem Maße immer aus den Kreisen, die ein geringes oder gar kein Einkommen haben, und ausgerechnet von den Steuergeldern dieser Menschen leben.

Wahrscheinlich wird jetzt auch der Einwand laut, daß Herr X seinen Holzhandel unlauter erworben hat, und seine Arbeitsmethoden keinesfalls dem Gesetz entsprechen. Er hat damit eine negative Ursache in seinem Leben gesetzt. Nach dem unfehlbaren Gesetz von Ursache und Wirkung wird ihn deshalb eines Tages unweigerlich die negative Wirkung treffen. Deshalb ist es so wichtig in welcher Weise man seine Geschäfte tätigt, ob in positiver Weise zum Wohle des Ganzen oder in Selbstsüchtiger auf Kosten anderer.

Doch wir sollten überhaupt nicht über andere Leute urteilen. Es lohnt sich nicht. Es ist besser unsere eigenen Ziele mit einem ethisch reinen Gewissen zu verfolgen und als Vorbilder zu fungieren.

Schon in der Bibel steht:

„Richte nicht, auf das du nicht gerichtest wirst."

Oder
Thorwald Dethlefsen drückt es so aus:

„Der Mensch fühlt sich berufen, Steine zu werfen. Er sollte sich wenigstens nicht wundern, wenn er immer nur sich selber trifft."

Welchen Beruf auch immer Sie wählen, die Entscheidung muß aus Ihrem Innersten kommen. Kein anderer weiß, was gut für Sie ist. Angestellte und Arbeiter sind genauso wichtig wie Selbständige. Wo kämen wir hin, wenn es nur Chefs gäbe? Im Augenblick herrscht jedoch ein Ungleichgewicht auf der ganzen Welt, indem es viel mehr Arbeitssuchende als Arbeitgeber gibt. Man sieht es an den erschreckenden Zahlen der Arbeitslosigkeit im In- und Ausland.

Verspüren Sie also den unwiderstehlichen Drang, selbständig zu werden, dann nehmen Sie den Weg auf sich, ganz egal, was Ihre Mitmenschen Ihnen raten. Wenn es Ängste sind, die Sie von Ihrem Vorhaben abhalten wollen, dann kann Ihnen die Bachblüte Mimulus zu Mut und Durchsetzungsvermögen verhelfen.

Wie man die Angst überwindet

Mimulus – Gefleckte Gauklerblume

Es gibt keine Sicherheit,
aber ungemein viel Angst, sie zu verlieren.
Hans Gruppa/Anette Grüschow

Furcht besiegt mehr Menschen als irgendetwas
anderes auf der Welt.
Ralph Waldo Emerson

Mimulus - Angst

Angst ist der größte Feind der Menschheit. Sie ist die häufigste Ursache für Misserfolge. Manche Menschen werden von Existenzängsten bis zur Angst, den Arbeitsplatz zu verlieren regelrecht verfolgt. Das ganze Leben wird von dieser unsichtbaren Macht beherrscht. Der Traumberuf, falls je darüber nachgedacht wurde, bleibt für immer ein unerreichbarer Traum. Die Angst ist jedoch nur der Inhalt und die Folge von Gedanken. Sie fürchten sich also vor Ihren selbst erschaffenen Vorstellungen.

Angst führte zum Konkurs

Eine meiner Patientinnen übernahm eine renommierte und gutgehende Boutique. Obwohl es ihr in jeder Hinsicht gut ging, verfiel sie immer mehr in Angst und Sorgen. Wenn an einem Tag das Geschäft ein wenig schlechter lief, malte sie sich in lebensnahen Szenen alle Arten von Misserfolg und Mangel aus. Sie stellte sich vor, wie die Kunden an ihrem Geschäft vorbeiliefen, niemand mehr bei ihr einkaufte und ihre Kasse stets leer war. In ihrer Fantasie kultivierte sie geradezu ihren Konkurs. Als sie zu mir in die Praxis kam, stand ihr die Angst ins Gesicht geschrieben. Sie erzählte mir, daß sie keine Nacht mehr schlafen könne vor lauter Sorge um ihr Geschäft. Es laufe täglich schlechter und sie habe schreckliche Angst, weil sie genau wisse, daß es keine Rettung mehr gäbe.

Alle meine Versuche, ihr klarzumachen, daß allein ihr Denkvorgang für die Auswirkungen verantwortlich ist, wurden sofort mit „realistischen“ Argumenten im Keim erstickt. Sie hielt eisern fest an ihrer Angst. Schließlich bewahrheiteten sich die schlimmsten Befürchtungen und sie machte Konkurs.

Geistige Vorstellung bewirkt Wunder

Vor vielen Jahren nahm auch bei mir die Angst überdimensionale Ausmaße an. Ich war zwar bestens auf die Heilpraktikerprüfung vorbereitet, aber die mündliche Prüfung, die es damals gab, machte mir sehr zu schaffen. Es war mir und auch den Menschen, die mich näher kannten klar, daß meine Angst vor mündlichen Prüfungen einen positiven Ausgang mit hundertprozentiger Sicherheit verhindern würde. Ich wusste seit langem, daß dieses Problem auf mich zukommen würde, aber der tiefe und sehnsüchtige Wunsch diesen Beruf auszuüben, zwang mich immer wieder zum Weitermachen.

Eines Tages, als sich mein Ziel wieder etwas entfernen wollte, und auch meine Verwandten und Bekannten ständig auf mich einredeten, doch endlich einen anständigen Beruf zu wählen, suchte mich eine Freundin auf und überreichte mir voller Begeisterung ein Buch mit dem Titel: „Die Macht ihres Unterbewusstseins" von Dr. J. Murphy. Voller Spannung las ich Zeile für Zeile und war fasziniert von dem Inhalt, dessen Thema über das positive Denken mir bis dato völlig unbekannt war. Ich hielt mich strikt an die Anweisungen des Buches und machte mir sogleich ein geistiges Bild von meinem größten Wunsch. Immer wieder stellte ich mir vor, der Amtsarzt würde mir zur bestandenen Prüfung gratulieren. Dann ging ich im Geiste durch meine Praxisräume und sah mich, wie ich Patienten behandelte und Rezepte ausschrieb. Jede freie Minute verweilte ich bei diesen Bildern. In der Zwischenzeit hatte ich mich zu der Prüfung angemeldet und der erste Bescheid, den ich bekam lautete, daß ich in etwa zwei bis drei Monaten

Nachricht über den genauen Prüfungstermin, der mündlich stattfindet, erhalten werde. Murphy berichtete über einige Wunder, die passieren können, also hielt ich beharrlich an meinem geistigen Bild fest und hoffte auf ein solches. Mir wurde auch noch zugetragen, daß an diesem Ort ein alteingesessener Amtsarzt mit einer tiefen Abneigung gegen die Alternativmedizin das Sagen hatte, und ihm der Berufstand des Heilpraktikers äußerst zuwider war. Es gab noch keinen Heilpraktikeranwärter, dem er die Zulassung gegeben hatte. Die Aussichten waren also in jeder Beziehung zum Scheitern verurteilt. Aber ich ließ mich auch davon nicht beirren und hielt mich weiter an die Anweisungen des Buches. Bereits sechs Wochen später kam wieder ein Schreiben mit dem Inhalt, daß der Amtsarzt gewechselt hatte, die Prüfungsordnung geändert (schriftliche Prüfung) wurde, und der Prüfungstermin bereits auf nächste Woche verlegt worden war.

Ich glaube, ich habe dieses Schreiben fünfzigmal gelesen, bis ich glauben konnte, daß tatsächlich ein Wunder geschehen war. In diesem Moment war mir klar, daß nichts mehr schief gehen konnte, denn vor schriftlichen Prüfungen hatte ich nur geringe Angst.

Ich bekam den freundlichsten und liebenswürdigsten Amtsarzt, den man sich nur vorstellen kann. In meinen kühnsten Träumen hätte ich mir nicht vorstellen können, welch perfekter Prüfungsablauf mich erwartet. Ich war auch wirklich der erste Mensch, der in diesem Städtchen die Heilpraktikerzulassung bekam.

Man kann es kaum fassen, daß sich die ganze Prüfungsordnung und der Amtsarzt zu meinen Gunsten verändert haben. Es ist genau so, wie

Hermann Hesse sagte:

„Damit das Mögliche entsteht, muß immer wieder das Unmögliche versucht werden.“

Sie können alles erreichen, was Sie wollen, sind die Aussichten auch noch so hoffnungslos und entmutigend. Also zögern Sie keine Minute und heben Sie sich über Ängste hinweg, wenn ein unmöglich erscheinender Wunsch Sie beschäftigt. Beginnen Sie jetzt mit der Verwirklichung. ***Denn jeder Wunsch birgt bereits die Erfüllung in sich.***

Wenn Sie also einen Sonnenblumenkern in die Erde pflanzen, entwickelt sich daraus eine Sonnenblume und keine Tanne. Im Samen liegt die Information, sprich Gedanke, und eine unsichtbare, geheimnisumwobene Kraft bringt sie zum Erblühen. Genauso verhält es sich mit Ihren Gedanken. Säen Sie Gedanken der Angst und Ausweglosigkeit, werden Sie Angst und Ausweglosigkeit ernten. Säen Sie aber Gedanken des Fortschrittes, und der Weiterentwicklung, dann werden auch Sie Ihren Traumberuf erreichen.

Affirmation

Ich kann alles erreichen was ich möchte. Ich denke ständig an das Endziel und sehe mich bereits voller Freude in meinem Traumberuf arbeiten. Mit dieser Haltung werde ich automatisch in die Umstände hineingezogen, die ich zur Verwirklichung meines Vorhabens benötige.

Merksätze

Es gibt keine Grenzen. Nicht für den Gedanken, nicht für die Gefühle. Die Angst setzt die Grenzen.

Ingmar Bergman

Grübeln Sie nicht über Ihre Ängste nach, sondern halten Sie sich immer das gewünschte Ziel vor Augen.

Sehen Sie sich, wie Sie bereits in Ihrem Traumberuf arbeiten.

Bleiben Sie so viel es Ihre Zeit erlaubt bei dieser Vorstellung.

Malen Sie sich Ihren Traumberuf in sämtlichen Facetten aus.

Wenn Sie Ängste überkommen, dann entziehen Sie Ihnen augenblicklich die Aufmerksamkeit und kehren Sie sofort in die Vorstellungswelt des erfreulichen Ausganges zurück.

Stärkung des Selbstvertrauens

Larch – Lärche

Wer wird den rechtfertigen,
der sich selbst ins Unrecht setzt?
Wer wird den ehren,
der sich selbst die Ehre abspricht?

Jesus 10.29

Larch - Minderwertigkeit

Menschen, die dieser Blüte bedürfen, sind von ihrer Unfähigkeit jemals etwas Besonderes zu leisten, so überzeugt, daß Sie gar nicht auf die Idee kommen, ein Ziel in Angriff zu nehmen. Sie haben enormen Respekt vor Autoritäten und fühlen sich anderen Menschen von vornherein unterlegen. Es ist eine falsche Bescheidenheit aus Mangel an Vertrauen in die eigenen Fähigkeiten.

Selbstvertrauen bringt beruflichen Aufstieg

Eine meiner Patientinnen arbeitete jahrelang als Texterfasserin in einer Zeitschriftenredaktion. Es war ein Teilzeitjob, der gut mit ihren Kenntnissen im Umgang mit einem Computer-Schreibprogramm und mit ihrem Hauptberuf Mutter harmonierte. Sie bezeichnete sich selbst als „Tippse" und hatte ständig das Gefühl, daß dies ein wenig anspruchsvoller Job war. Manchmal tauchten sehnsüchtige Gedanken und Bilder über das Sekretärinnendasein in ihr auf, die sie aber schnell wieder durch plausible Einwände verwarf wie: „die Stellen sind ja schließlich alle heißbegehrt, und überall werden nur noch Leute mit besten Kenntnissen und Erfahrungen bevorzugt." Sie baute sich im Laufe der Zeit so manche Hindernisse auf, die ja ganz realistisch waren. Im tiefsten Inneren träumte sie jedoch weiter von ihrem unerreichbaren Ziel, einmal als Sekretärin zu arbeiten.

Eines Tages, kurz bevor ihre Kinder eine Lehre anfingen und sie sehr gerne endlich etwas anderes tun wollte als vorgegebene Texte zu schreiben, dachte sie darüber nach, warum sie sich eigentlich als „Tippse“ bezeichnete. Niemals hatte irgend jemand anderes sie so genannt. Sie entdeckte, daß sie es selbst war, die an ihren Fähigkeiten zweifelte und glaubte, sie könne keine verantwortungsvolle Aufgabe übernehmen. Jetzt erkannte sie ihr gewohnheitsmäßiges Denkmuster. An diesem Tag wertete sie ihre Arbeit auf, fing an sie zu lieben und zu schätzen und gab ihr Bestes. Sie betrachtete sich nun als vollkommen gleichwertiges Mitglied des Redaktionsteams. Jeden Tag freute sie sich jetzt auf ihre Tätigkeit und hatte sehr bald den abwertenden Unterton sich selbst gegenüber abgelegt. Nach einiger Zeit wurde in der Redaktion eine Sekretärin als zusätzliche Teilzeitkraft gesucht. Meine Patientin nahm sich ein Herz und bot sich für diese Stelle an.

Der Redakteur bat sie zu einem Gespräch. Bei Kaffee und Keksen, die ihre Kolleginnen liebevoll servierten, als wäre sie ein ganz wichtiger Gast besprachen sie die Aufgaben. Ihr Redakteur war erfreut, daß er in ihr eine interessierte Mitarbeiterin hatte, die mehr Verantwortung und mehr Arbeit übernehmen wollte. Meine Patientin sah in dieser Veränderung ihre eigene innere Verwandlung.

Johann Wolfgang von Goethe sagte: „Sobald du dir vertraust, sobald weißt du zu leben.“

Dieses Beispiel zeigt deutlich, daß es nur auf unsere Einstellung zu uns und dem Leben ankommt.

Wir müssen Vertrauen zu uns selbst gewinnen, zu unserem Können, unserem Wissen und unseren Fähigkeiten. Wenn wir dieses Vertrauen aufbauen, dann ist es völlig egal in welcher Phase des Lebens wir uns befinden, wir können jede Situation aus eigener Kraft heraus verändern.

Wir müssen den Blick auf unser Verhalten und unsere Denkgewohnheiten richten. Was trauen wir uns zu, was halten wir von uns selbst? Welche Gedanken sind es, die uns in einer Situation festhalten, die uns in keinster Weise gefällt. Immer wieder müssen wir uns vor Augen halten, daß die Vorstellung von uns selbst, uns in diese unerfreuliche oder begrenzte Lage gebracht hat. Der Mangel an Vertrauen in unsere Fähigkeiten und Möglichkeiten ist die Ursache, daß wir uns mit einem Leben zufrieden geben, das nicht unseren Begabungen entspricht.

Das, was wir über uns denken und fühlen, wird sich in unserem Leben ereignen. Wenn wir also ständig davon ausgehen, daß wir nichts können und auch nie etwas schaffen werden, dann werden wir auch nichts erreichen. Auch andere Menschen werden uns für unfähig halten, weil wir diese Schwäche nach außen hin ausstrahlen.

Schon in der Bibel (Jes.sir.10-29) heißt es:

„Wer wird den rechtfertigen, der sich selbst ins Unrecht setzt? Wer wird den ehren, der sich selbst die Ehre abspricht?“

Sind wir der Überzeugung, daß wir weniger wert sind als andere, dann dürfen wir uns nicht wundern, wenn wir auch so behandelt werden. Es ist unsere Überzeugung, daß das Bild, das wir über uns selbst gemacht haben und an dem wir festhalten, Reaktionen im Äußeren auslöst, die genau unsere Einstellung wiederspiegeln.

Das Gesetz besagt, daß jeder das erreichen kann, was er möchte. Denken Sie über sich und Ihre Denkgewohnheiten nach. Schreiben Sie sie auf. Nehmen Sie ein Blatt Papier und ziehen Sie einen senkrechten Strich in der Mitte. Schreiben Sie nun auf die linke Seite Ihre negativen Einstellungen und Überzeugungen über sich selbst, und auf der anderen Seite die positive Variante.

Einige Beispiele

Ich werde nie meinen Traumberuf erreichen	Ich werde meinen Traumberuf erreichen
Ich habe kein Durchhaltevermögen	Ich habe Durchhaltevermögen
Alles was ich beginne, wird ein Misserfolg	Ich bin ein Erfolgsmensch
Ich kann das nicht	Ich schaffe alles, was ich möchte
Ich bin nichts wert	Ich respektiere mich

Lassen Sie die alten Muster, die besagen: „ich bin nichts, ich kann nichts, und ich schaffe nichts“, schnellstens los. Es sind, so unglaublich es auch erscheinen mag, nur Ihre Gedanken, die Sie Ihr Leben lang pflegen und hegen, die Sie an diesen Ort und in diese Situation gebracht haben. Wenn Sie keinen Respekt vor sich selbst haben, werden auch andere keinen Respekt vor Ihnen haben, und wenn Sie sich für einen Versager halten, werden auch andere Sie für einen Versager halten und Sie dementsprechend behandeln. Beginnen Sie jetzt, diese Muster zu verändern und sagen Sie Ja zu den Herausforderungen, die Sie erwarten.

Wenn Sie also Ihre ganze Kraft konstruktiv auf Ihren Traumberuf gerichtet halten, werden Sie Menschen und Umstände anziehen, die Ihnen Respekt entgegen bringen und Ihnen bei der Verwirklichung Ihrer Pläne behilflich sein werden.

Affirmation

Ungeahntes Wissen verbirgt sich in meinem Innersten und ich werde mir meiner Begabungen vollends bewusst. Ich erreiche alles was ich mir vornehme. Ich kann es und ich tue es. Ich achte mich und respektiere mich. Ich bin großartig!

Merksätze

Alles was ich über mich selbst denke, denken auch andere über mich.

Halte ich mich für unfähig, dann werden auch andere mich für unfähig halten.

Ich muß mich selbst anerkennen, dann ziehe ich Menschen und Situationen in mein Leben, in denen ich Anerkennung erhalte.

Ich habe die gleichen Chancen wie andere Menschen, weil es das Gesetz von Ursache und Wirkung gibt.

Wird einer als Armer geehrt, wie viel mehr wenn er reich wird. Wird einer als Reicher verachtet, wie viel mehr wenn er arm wird.

Jes. Sir. 10-31

Die Haltung, die wir gegenüber uns selbst einnehmen, wird als Echo auf uns zurückkommen.

Indem ein Mensch mit den ihm von der Natur gegebenen Gaben sich zu verwirklichen sucht, tut er das Höchste und einzig Sinnvolle, was er tun kann.

Hermann Hesse

Die wichtigste Voraussetzung ist die, eine Entscheidung zu treffen

Scleranthus – Einjähriges Knäuel

Wer sich nicht selbst befiehlt,
bleibt immer ein Knecht.
Johann Wolfgang von Goethe

Scleranthus – Unentschlossenheit

Der erste und wichtigste Schritt zur Verwirklichung des Traumberufes ist, eine Entscheidung zu treffen. Sie sollten es sich genau überlegen, ob Sie sich mit einem mittelmäßigen oder gar schlechten Leben zufrieden geben, wenn auch ein schönes und erfülltes Leben zur Wahl steht. Es kommt darauf an was Ihnen wichtiger erscheint, den alt eingefahrenen Mustern treu zu bleiben, oder einen Neuanfang mit dem Ziel Ihre Träume zu leben, zu starten. In diesem Zusammenhang stellt sich natürlich auch die Frage wie viel Aufwand Ihnen eine Zukunft, die Glück und Freude verheißt, wert ist. Bei manchen von Ihnen bedarf es vielleicht nur einer winzigen Weichenstellung, um das zukünftige Leben in einem neuen Licht erstrahlen zu lassen. Gehören Sie aber zu der Gruppe von Menschen, die sich seit Jahren der Ausweglosigkeit und Freudlosigkeit verschrieben hat, dann werden die erfreulichen Ergebnisse natürlich einen größeren Aufwand in Anspruch nehmen. Sicher jedoch ist, daß jeder Mensch die Möglichkeit besitzt, das Beste aus seinem Leben zu machen. Es hängt also allein von Ihrer Entscheidung ab. Entscheiden Sie sich für ein erfülltes und erstrebenswertes Dasein, und halten Sie mit Entschlossenheit an diesem Ziel fest, dann werden Sie die Erfüllung in Ihrem Beruf finden und vom Erfolg begeistert sein. Wer oder was wir heute sind, ist das Resultat von ehemals getroffenen Entscheidungen.

Wenn Sie generell Schwierigkeiten damit haben, sich für das eine oder andere zu entscheiden, dann arbeiten Sie mit den nachfolgenden Affirmationen. Auch die Bachblüte Scleranthus steht als wertvoller Begleiter zur Verfügung, die wertvolle und wichtige Eigenschaft der Entschlusskraft zu erlernen. Mit Entschlossenheit ein Ziel zu verfolgen, setzt eine Stärke in Ihnen frei, die andere bald bemerken werden und Ihnen bei Ihrem Vorhaben behilflich sind. Ein entschlossenes Auftreten führt auch zu Selbstbewusstsein, das Ihnen in jeder Situation von großem Nutzen sein wird. Selbstbewusstes Auftreten wirkt wie ein Magnet auf Erfolg.

Eine Entscheidung mit weitreichenden Folgen

Da fällt mir die Geschichte einer Patientin ein, die vor einigen Jahren zu mir in meine homöopathische Praxis kam. Der Arzt hatte bei ihr einen absoluten Tiefstand ihres Immunsystems festgestellt.

In einer Vielzahl von Gesprächen erzählte sie mir von weitreichenden Veränderungen in der Firma, in der sie arbeitete, die auch auf ihr Arbeitsfeld erheblichen Einfluss nahmen. Diese neuen Aufgaben nahmen ihr die Freude an ihrer Arbeit und sie hätte lieber heute als morgen die Firma verlassen. Doch sie konnte sich einfach nicht entschließen zu kündigen, da sie der festen Überzeugung war, daß nichts Besseres nachkommen konnte.

Wir sprachen viel über die Wirkung des Segnens, das Sie in Ihrer Firma einsetzen sollte, und über die Macht der positiven Gedanken.

Im Laufe der Behandlung verbesserte sich zwar ihre gesundheitliche Verfassung, doch der Gedanke an ihre Arbeit belastete sie immer noch schwer.

Eines Tages klingelte das Telefon und meine Patientin rief mich aus dem Krankenhaus an. Sie erzählte mir, daß sie sich ihren linken Arm gebrochen hatte, und weil ein Bluterguss entstanden war, musste operiert werden, und dabei wurde ein Nerv verletzt. Die Ärzte des Krankenhauses und eine erfahrene Krankengymnastin bereiteten sie schonend darauf vor, daß eine vollständige Heilung unmöglich sei und sie ihr Handgelenk wohl nie wieder richtig bewegen werde können. Doch meine Patientin sah das anders. Sie wollte sich keineswegs damit zufrieden geben und ich bemerkte an ihr eine unglaubliche Entschlossenheit, nicht aufzugeben und für ihre Beweglichkeit zu kämpfen.

Ich riet ihr, sich immer wieder bildlich eine Situation vorzustellen, in der sie ihr Handgelenk wieder voll bewegen kann. Außerdem fuhren wir intensiv mit der homöopathischen Behandlung fort.

Sieben Monate später wurde sie von einer guten Freundin angerufen, die ihr zum Geburtstag gratulierte. Nebenbei erzählte sie, daß eine Arbeitsstelle in ihrer Abteilung frei geworden ist. Meine Patientin erkundigte sich gleich eingehender danach und es stellte sich heraus, daß diese Stelle genau ihren Qualifikationen entsprach. Sie bekam die Stelle und kündigte sofort ihr altes Arbeitsverhältnis. Noch am selben Tag gelang ihr die erste kleine Bewegung und das war nur der Anfang. Ärzte und Schwestern standen vor einem Rätsel, nur meine Patientin war nicht verwundert. Sie war von Anfang an von ihrer Heilung überzeugt gewesen und hatte mit ihrer unerschütterlichen Entschlossenheit den Grundstein für dieses Wunder gelegt und die Homöopathie hatte ihr Übriges dazu getan. Die Heilung ging stetig voran und so konnte sie ihr Handgelenk von Tag zu Tag besser bewegen.

So hatte die Entschlossenheit, die auf Grund ihres Unfalls ans Tageslicht gekommen war, auch auf ihre berufliche Zukunft Einfluss genommen. Und die neue Arbeitsstelle übertraf ihre Vorstellungen noch um einiges.

Dr. Samuel Hahnemann (1755 – 1843)

Dr. Samuel Hahnemann, der Entdecker der einzigartigen und wirkungsvollsten Heilmethode aller Zeiten, der Homöopathie, war ein außergewöhnliches Beispiel an Entschlossenheit und Durchhaltevermögen.

Der Arzt, Chemiker, Apotheker und Übersetzer, Christian Friedrich Samuel Hahnemann hat den größten Teil seines Lebens der Forschung, Entdeckung und Erprobung neuer homöopathischer Mittel gewidmet. Sein Leben birgt einen Lebenslauf in sich wie es kaum einen zweiten gibt.

Am 10. April 1755 wurde Samuel Hahnemann als Sohn eines Porzellanmalers in Meißen geboren. In den Wirren des siebenjährigen Krieges verloren seine Eltern ihr Vermögen und so blieb wenig Geld für das Schulgeld der Kinder. Deshalb erhielt er Unterricht vornehmlich zu Hause von seinen Eltern. Hahnemann war als Kind sehr schwach und kränklich. Doch sein Fleiß kannte keine Grenzen, so daß er bis spät in die Nacht hinein bei seiner Lieblingsbeschäftigung, den lateinischen und griechischen Klassikern verweilte, trotz des strikten Verbotes seiner Eltern. Schon mit zwölf Jahren beherrschte er die griechische Sprache. Selbst bei seinen seltenen Schulbesuchen wurde sein Eifer, sein Forschergeist und seine überragenden Fähigkeiten von den Lehrkräften in jungen Jahren erkannt. Von seinem dreizehnten Lebensjahr ab wurde ihm das Schulgeld auf Dauer erlassen und der Rektor förderte ihn, so daß er bis zu seinem zwanzigsten Lebensjahr die angesehene Fürstenschule besuchen konnte.

Hahnemann war ein sehr dankbarer Mensch, und er hatte große Hochachtung vor seinen Gönnern. Vielleicht war diese Haltung auch mit ein Grund dafür, daß sich schnell wieder ein anonymer Gönner fand, der die Studiengebühr für sein Medizinstudium an der Leipziger Universität, die damals als die Beste Deutschlands galt, übernahm. Während des Studiums gab er wohlhabenden, ausländischen Studenten Privatunterricht und übersetzte wissenschaftliche Texte, um sich seinen Lebensunterhalt zu verdienen. Er beherrschte acht Sprachen in Wort und Schrift und er hatte noch gute Kenntnisse über weitere.

Er studierte mit unvergleichlichem Eifer, aber auch mit einem kritischen Unterscheidungsvermögen. Er besuchte nur die Vorlesungen, die ihm auch zweckmäßig erschienen. Einmal schrieb er über sich selbst: „So las ich auch für mich zwar unermüdet, aber immer nur das Beste, was es für mich gab, und so viel ich verdauen konnte."

Nachdem er seinen Doktortitel gemacht hatte, bekam er eine Anstellung als Hausarzt und Bibliothekar bei einem wohlhabenden Politiker. Hier fand er bei guter Bezahlung die Gelegenheit sein medizinisches Wissen zu intensivieren und seine Sprachkenntnisse zu vergrößern. Immer wenn Hahnemann das Gefühl hatte, er habe alle Möglichkeiten der Weiterbildung an einem Ort ausgeschöpft, beendete er das Arbeitsverhältnis und wechselte den Wohnsitz. Er legte großen Wert auf eine geistige und kulturelle Umgebung. Als er nach etwa zwei Jahren die Stelle als Hausarzt verließ, beherrschte er die griechische, lateinische, syrische, hebräische, englische, französische und italienische Sprache.

Unermüdlich stürzte er sich nun auf Übersetzungen unzähliger wissenschaftlicher Texte. Außerdem schrieb er viele eigene Bücher, wie das erste Apothekerlexikon, das zu dieser Zeit ein Standardwerk wurde und verfasste Artikel für populäre medizinische Zeitschriften. Bei seinen Übersetzungen brachte er meist so viele Änderungen und Zusätze ein, daß sie fast zu seinem eigenen Werk wurden. Immer mehr widmete Hahnemann sich auch der Chemie und Botanik. Seine vielseitigen Kenntnisse über chemische Verfahren, die er sich angeeignet hatte, legten den Grundstock für die spätere Heilmethode der Homöopathie. ***Das Wort Homöopathie kommt aus dem Griechischen und bedeutet: Homoios – ähnlich und Pathos – Leiden.***

Obwohl er eine große Familie mit 11 Kindern zu ernähren hatte, weigerte er sich mit den damaligen Behandlungsmethoden eine Praxis zu führen. Er zog mit seiner Familie von Ort zu Ort, um immer an den wichtigsten geistigen Stätten zu sein, oder um noch eine billigere Bleibe zu finden. Es gab eine Zeit, da lebten sie in einem einzigen Raum. Aber weil sie eine glückliche Ehe führten, die Hahnemann sehr wichtig war, arbeitete er nachts, wenn die Kinder schliefen. Hahnemann schrieb über seine Familie bereits im Alter von 35 Jahren: „Vier Töchter und ein Sohn machen nebst meiner Gattin die Würze meines Lebens."

Sein ausgeprägter Forscherdrang trieb ihn immer weiter, sowohl in chemischer, wie auch in medizinischer Hinsicht. Er wollte keine der vielen Behandlungsmethoden, die er alle für falsch hielt, übernehmen. Er war fest entschlossen, ein besseres und fundiertes System zur Behandlung von Kranken zu entwickeln.

Der entscheidende Gedanke zu dieser Lehre kam Hahnemann, als er William Cullens „Materia medica" aus dem Englischen übersetzte. Dabei ging es um die Behandlung von Wechselfieber mit Chinarinde. Er war mit dieser Art von Behandlung nicht einverstanden, und nahm die Medizin im gesunden Zustand selbst ein. Versuchshalber nahm er sie zweimal täglich für einige Zeit, und dabei machte er erstaunliche Feststellungen über Symptome, wie zum Beispiel Steifigkeit in allen Gelenken, Zittern, Ängstlichkeit, Herzklopfen und vieles mehr. Aufgrund dieses persönlichen Versuches, auch Arzneimittelprüfung genannt, konnte Hahnemann sich vorstellen, wie die Substanzen funktionieren. Ein Mittel, das ähnliche Symptome und Zeichen in einem gesunden menschlichen Organismus hervorbringen kann, hilft zur Heilung und somit zum Verschwinden des gesamten Krankheitsbildes.

Er vertrat nun die Auffassung, daß ein Mittel, das beim gesunden Menschen ganz bestimmte Symptome und Zeichen hervorruft, auch genau diese Symptome und Zeichen heilt:

„Similia similibus curentur“ was soviel heißt, wie:
„Ähnliches mit Ähnlichem heilen.“

Hahnemann war nun 41 Jahre alt und ab jetzt beschäftigte er sich nur noch mit seinem neuen Heilverfahren. Alsbald nahm er seine Tätigkeit als Arzt wieder auf und behandelte mit seinen neu erworbenen Kenntnissen. In verschiedenen Abhandlungen machte er die Homöopathie bekannt und veröffentlichte sie in renommierten medizinischen Zeitschriften. Hahnemanns neue Lehre stieß bei der Schulmedizin auf heftige Kritik, und das trug ihm erhebliche Schwierigkeiten und gewaltige Anfeindungen ein. Aber trotz aller Gegner und Widerstände kämpfte er mit eiserner Entschlossenheit für seine Behandlungsweise.

1813 konnte er seine wirksame Methode unter Beweis stellen. Nach der Völkerschlacht bei Leipzig war das Trinkwasser völlig verunreinigt und so kam es zu vielen Typhusfällen. Von den 180 Typhuskranken, die Hahnemann mit Homöopathie behandelte, starben nur zwei höheren Alters.

Im stolzen Alter von 80 Jahren, nachdem er schon einige Zeit Witwer war, vermählte er sich mit einer jungen Französin, die eine leidenschaftliche Anhängerin der Homöopathie war, und zog mit ihr nach Paris. Die homöopathischen Ärzte empfingen ihn mit einer Welle der Begeisterung. Aber noch einmal musste er den Kampf gegen seine Gegner gewinnen, um endlich die Genehmigung zu seiner homöopathischen Praxis zu erhalten.

Im Jahre 1835, als Hahnemann seine Praxis eröffnete, schrieb eine französische Zeitung, daß der Zulauf so groß sei, daß man den Meister nur auf Empfehlung seiner Frau sprechen könne. An einem Tag in der Woche behandelte er kostenlos und an diesem Tag war sein ganzes Treppenhaus von Kranken verstopft. Der Platz vor seinem Haus war schwarz vor lauter Menschen, die Hilfe suchten, so berichteten Augenzeugen.

Hahnemann war fest entschlossen eine wirksame Heilmethode zu finden, und mit seiner Entschlossenheit hat er sein Ziel erreicht. Er hatte es mit unzähligen Angriffen zu tun, aber er hat jede Schlacht auf seinem Weg zum Erfolg gewonnen. Er hinterließ uns eine Behandlungsmethode, die an Wirksamkeit und Milde nicht zu übertreffen ist. Und das alles ohne Tierversuche.

Entschlossenheit und die unbeirrbare Verfolgung seines individuellen Zieles, wie immer es auch heißen mag, ist die wichtigste Voraussetzung für ein glückliches Leben.

Überlegen Sie es sich genau, wie Sie Ihr Leben gestalten möchten. Wollen Sie Ihre Fähigkeiten fördern oder verkümmern lassen? Diese „kleine Entscheidung“ wird den Ausschlag geben, wie Ihre Zukunft aussehen wird.

Wenn Sie eines Tages auf Ihr Leben zurückblicken, wie werden Sie sich wohl fühlen, wenn Sie sich eingestehen müssen: „Na ja, man musste eben arbeiten, man hatte keine andere Wahl. Man hat sich eben dem Massengeist verschrieben und die Anforderungen halbherzig erledigt. Das Leben war eintönig und langweilig. Wenigstens konnte ich frühzeitig in Rente gehen, aber die Qualität meines Lebens hat sich trotzdem nicht verändert.“

Blicken Sie aber auf ein erfülltes Leben zurück, das von Freude, Begeisterung und Erfolg geprägt war, dann werden Sie mit einem guten Gefühl Ihren Lebensabend beenden und stolz auf sich sein. Dieser Weg war bestimmt nicht immer leicht und es mussten unzählige Hindernisse überwunden werden, aber jeder Stolperstein, der aus eigener Kraft entfernt wurde, führte wiederum zu einem glücklicheren und zufriedeneren Leben.

Affirmation

Aus meinem tiefsten Inneren heraus treffe ich in jeder Situation die für mich richtige Entscheidung. Harmonie, Ausgeglichenheit und Freude herrschen in meinen Gedanken. Ich nehme mein Leben selbst in die Hand und entscheide mich jetzt für den Weg, der mich zu meinem Traumberuf führt. Mit Entschlossenheit schreite ich von Erfolg zu Erfolg. Meine Entscheidung steht fest, und nichts und niemand wird mich von meinem Ziel abbringen.

Merksätze

Entschlossenheit wirkt wie ein Magnet und zieht Erfolg an.

Es liegt ganz allein in Ihrem Ermessen, ob Sie sich für ein Leben in Freude und Freiheit, oder für ein Leben in Begrenzung und Unzufriedenheit entscheiden.

Sie können alles erreichen, was Sie möchten. Nur die Entscheidung müssen Sie selbst treffen.

Zögern Sie nicht länger und nehmen Sie voller Freude die Herausforderung, die das Leben Ihnen bietet, an.

Unbeirrbare Entschlossenheit bringt Sie an jedes Ziel.

Menschen, die Erfolg haben, sind Menschen, die sich weigern, sich von Entmutigungen abhalten zu lassen, und die nicht aufgeben, wenn sie auf Enttäuschungen, ausweglose Situationen oder Verzögerungen stoßen.

Methoden und Techniken zum Erreichen des Traumberufes

Was du dir vornehmen wirst,
wird er dir gelingen lassen,
und das Licht wird auf deinem Weg scheinen.
Hiob 22,28

Dankbarkeit, Freude, Bildliche Vorstellung, Affirmationen, Segnen, Dein Wille geschehe, Spiegeltechnik, Traumtechnik, Das Gesetz der umgekehrten Wirkung

Stille Gedanken

Dankbarkeit

Der kürzeste Weg zum Erfolg
ist die Dankbarkeit.

Ein tief empfundenes und aufrichtiges Gefühl der Dankbarkeit verbindet uns mit der schöpferischen Kraft, die uns die Segnungen bringt. Viele Menschen haben einen wundervollen Beruf erlernt, aber kommen trotzdem nicht so recht voran, weil ihnen das Wichtigste, nämlich die Dankbarkeit fehlt. Sie haben ein Geschenk erhalten, das sie aber leider nicht wahrnehmen, und verlangsamen somit selbst ihren eigenen Aufstieg im Berufsleben. Je dankbarer wir für das Gute, das zu uns kommt sind, um so mehr und bessere Möglichkeiten werden wir erhalten. Diese geistige Einstellung der Dankbarkeit führt uns näher an die Quelle heran, aus der die Segnungen kommen. Es ist also absolut notwendig, das Gefühl der Dankbarkeit einzubringen, wenn Sie die besten Ergebnisse bei Ihren Wünschen erreichen möchten. Die dankbare Hinwendung Ihres Gemütes an das Höchste bedeutet die Freisetzung von Kraft. Diese Kraft erzeugt eine Reaktion, die sich uns in Form von segensreichen Umständen unfehlbar zuwendet. Ist Ihre Dankbarkeit stark und beständig, dann werden auch die Reaktionen stark und beständig sein. Die Dinge, die Sie sich wünschen, werden sich wie auf wundersame Weise auf Sie zubewegen.

Durch Dankbarkeit für die Dinge, die unser Leben verschönern und verbessern, geraten wir in einen erfreulichen und entspannten positiven Zustand. Unsere Aufmerksamkeit wird automatisch auf Besitz, Fülle und erreichte Ziele gelenkt. Die Verlagerung der Aufmerksamkeit ist verantwortlich für Erfolg oder Misserfolg. Sobald Sie Ihren Gedanken gestatten, über bereits bestehende unbefriedigende Zustände nachzudenken, beginnen Sie an Boden zu verlieren. Sie halten damit Ihre Aufmerksamkeit auf Mangel und Unzufriedenheit gerichtet, und säen somit den Samen für

Misserfolg und Entbehrung. Wenn wir unseren Gefühlen gestatten, bei minderwertigen Dingen zu verharren, dann wird sich auch die Zukunft minderwertig gestalten.

Richten wir aber unsere Aufmerksamkeit auf das Beste und auf all die Reichtümer, die Fähigkeiten und Begabungen, die wir erhalten haben, dann kann sich in jeglicher Hinsicht nur das Beste auf uns zubewegen. Jedes Gefühl dankbarer Anerkennung setzt eine Welle freudiger Ereignisse in Gang. Wenn wir unsere Aufmerksamkeit immer auf das Beste und Erstrebenswerte gerichtet halten, wird uns das Beste umgeben und sich alles zum Besten wenden.

Verschwenden Sie also Ihre kostbare Zeit nicht mit Nachdenken über Missstände und Fehler anderer, wenn Sie für sich eine rosige Zukunft wünschen. Entwickeln Sie lieber die Gewohnheit der Dankbarkeit für all die guten Dinge, die Ihnen das Leben bereits beschert hat und weiter bescheren wird. Alles was Sie in Ihrem Leben erlebt haben, trägt zu Ihrer Entfaltung bei. Selbst wenn Sie jetzt arbeitslos sind, seien Sie dankbar für all die Segnungen, die Sie erhielten und auch jetzt in Form von Arbeitslosengeld erhalten. Sie haben vielleicht gerade durch Ihre momentane Lage die große Chance erhalten, dank dieses Buches Ihren absoluten Traumberuf zu verwirklichen. Nehmen Sie in jeder Beziehung eine dankbare Haltung ein, und das Gute wird auf Sie zukommen. Seien Sie auch jetzt schon so dankbar für die Ausübung Ihres Traumberufes, wie Sie sein werden, wenn es soweit ist.

Lehnen Sie sich ganz entspannt zurück und beginnen Sie jetzt für alles Sichtbare und für die Erfüllung Ihres Wunschbildes von ganzem Herzen zu danken. Ein tiefes Gefühl der Ruhe, Zuversicht und der freudigen Erwartung auf eine erstrebenswerte und aussichtsreiche Zukunft werden Sie durchdringen. Ihre Aufmerksamkeit, Ihr Denken und Fühlen ist nun auf das Gute und Schöne ausgerichtet, und das Gute und Schöne wird Ihr Leben in Zukunft begleiten. Und indem Sie das Beste aus sich selbst machen, leisten Sie einen Beitrag zur Verbesserung der ganzen Welt.

Aus der Dankbarkeit erwächst auch die Freude.

Freude

Wenn du an dir nicht Freude hast,
die Welt wird dir nicht Freude machen.
Paul Heyse

Unser aller Wunsch in diesem Leben ist es, glücklich zu sein. Jede Sucht, wie auch immer sie heißen mag, ist nichts anderes als das Verlangen nach Glück. Für ein paar Stunden Glück geben die Menschen sehr viel. Aber alle äußeren Hilfsmittel, ob es nun Drogen, Parties, Glücksspiel oder ständiges Essen sind, vermitteln nur ein Scheinglück, das nicht von Dauer ist, weil die Freude nicht von außen, sondern nur aus unserem Inneren kommen kann. Wir müssen die Freude in uns selbst entdecken und sie nach außen bringen. Sie erschließt viele verborgene Kräfte, so daß das Beste in unser Leben strömen kann. Um so mehr wir uns über die kleinen Dinge des Lebens freuen können, um so mehr Freude wird automatisch auf uns zukommen. Erfreuen Sie sich an Ihrer jetzigen Situation, an den Dingen, die Sie bereits besitzen und an allem was Sie umgibt oder was Sie erleben dürfen. Wenn sich dieses warme Gefühl der Freude einstellt, dann haben Sie die mächtigste Kraft freigesetzt, die Sie unbeirrbar ans Ziel bringen wird. Um so länger und intensiver dieses Gefühl vorherrscht, um so mehr Freude und glückliche Umstände werden sich in Ihrem Leben einstellen.

Freude überwindet jedes Problem

Vor einigen Jahren, als ich mit meinem Mann in Nigeria lebte, gab es viele Dinge und Situationen, die das Leben sehr erschwerten. Da war zum einen das Wasser, das erst einmal drei Stunden lang abgekocht werden musste, um nicht daran zu erkranken. Auch der Strom war keine Selbstverständlichkeit, immer mussten Kerzen und Streichhölzer bereit stehen. Um uns mit Grundnahrungsmitteln zu versorgen wie Kartoffeln oder Reis, mussten wir 300 km in die Hauptstadt Lagos fahren. Nur dort gab es auch die Möglichkeit zu telefonieren. Der Weg in die Stadt war aber nicht ganz ungefährlich, weil es viele Straßensperren gab, die räuberische Banden nutzten um Autos auszurauben, oder sie zu stehlen. Auch die große Hitze bis tief in die Nacht und all die unbekannten Insekten und giftigen Tiere machten mir manchmal doch sehr zu schaffen. Meine Freude über die Umstände, in denen ich mich befand, hielt sich also in Grenzen. Eines Tages bekamen wir einen neuen Bauleiter und ich kam noch am selben Abend mit ihm ins Gespräch. Im Laufe der Unterhaltung erzählte ich ihm von meinen Eindrücken und Gefühlen hier in der Fremde. Dieser Mann hörte mir aufmerksam zu und sagte dann: „Glück und Freude kommen von innen, wenn Sie es nicht schaffen, hier glücklich zu werden, dann werden Sie es nie."

Diese Worte haben mich mein Leben lang begleitet und sind mir heute nach fünfundzwanzig Jahren immer noch im Gedächtnis.

Machen Sie also nicht den Fehler und warten Sie auf bestimmte Umstände, die dann, wenn Sie eingetreten sind, ein Glücksgefühl in Ihnen wecken sollen. Sie müssen die Freude bereits auf dem Weg zu Ihrem Traumberuf entwickeln, weil sie es ist, die Ihnen zum Erfolg verhilft. Wenn Sie die Entwicklung und Pflege der Freude nicht an den Anfang Ihres Weges stellen, kann es sein, daß Sie Ihr Ziel vielleicht nie erreichen. Oder es wird ein sehr langwieriger und beschwerlicher Weg werden. Es ist die Freude, die Sie jetzt in diesem Augenblick verspüren, die wiederum freudige Ereignisse mit sich bringen wird. Die Menschen, die von herzlicher und freudiger Natur sind, machen oft die schnellsten und unglaublichsten Fortschritte.

Nach diesem Gespräch mit dem Bauleiter änderte ich meine Einstellung und sah viele Dinge in einem neuen Licht. Ich war glücklich und dankbar, daß ich die kranken Menschen im Camp nach den Regeln der Homöopathie behandeln durfte und freute mich über viele Kleinigkeiten, die ich bis dahin gar nicht in dieser Deutlichkeit wahr genommen hatte. Ich erinnere mich noch genau, als eines morgens, die Tür stand gerade offen, ein Käfer majestätisch und zielgerichtet über die Türschwelle schritt. Sein Aussehen und die Bewegungen glichen dem eines alten weisen Professors. Er war gegenüber unseren heimischen Käfern ein absoluter Riese mit braunen Pantoffeln an den dünnen Beinchen und die Augenpartie war so gefärbt, als würde er eine Brille tragen. Bevor mein Hund und auch unsere Katze den Eindringling wahr nehmen konnten, verfrachtete ich sie schnell ins Nebenzimmer. Es war so faszinierend, diesen selbstbewussten Erdenbewohner zu beobachten und ich empfand große Freude dabei. Jedes noch so kleine Wesen kann tief empfundene Freude in uns auslösen, wenn wir unsere Sicht der Dinge verändert haben und wir mit Freude im Herzen offen sind für die Schönheiten und Abenteuer, die das Leben uns bietet.

Allmählich nahte die Weihnachtszeit und ich hatte natürlich weder Weihnachtsschmuck noch besondere Lebensmittel. Aber plötzlich geschah ein Wunder nach dem anderen. Eine Ananas diente als Weihnachtsbaum und eine Patientin schenkte mir kleine Kerzen und Sternchen, so daß ich sie festlich schmücken konnte. Am Nachmittag kam eine andere Patientin und brachte uns selbstgebackenes Brot, eine wahre Delikatesse, und sagte uns, daß es heute Bratwürste, Sauerkraut und ein besonderes Futter für unsere Tiere im Store zu kaufen gäbe. Mein Mann besorgte sogleich all diese Köstlichkeiten und wir feierten ein unvergesslich schönes und besinnliches Weihnachtsfest.

Verbringen Sie also so viel Zeit wie möglich mit dem Gefühl der Freude, um ein Magnet der Freude zu werden. Sind Sie traurig und verbittert, dann wirkt eben auch diese Eigenschaft wie ein Magnet und wird Traurigkeit und Verbitterung in Ihr Leben bringen. Wenn es Ihnen schwer fällt Freude zu empfinden und auszustrahlen, dann wiederholen Sie so häufig wie möglich, laut oder leise das Wort „Freude“, bis es von Ihnen Besitz nimmt, und das Gefühl lebendig wird. Sie werden erstaunt sein, wie viel Freude es auch in Ihrem Leben gibt.

Mit dieser Freude im Herzen werden Sie jedes angestrebte Ziel erreichen.

Bildliche Vorstellung

Holde Freundin Fantasie,
bleibst du mir zugegen,
fehlt ein tröstlich Licht mir nie
auch auf dunklen Wegen.
Karl von Gerok

Die einfachste Art sich einen Gedanken zu vergegenwärtigen ist, sich ihn bildlich vorzustellen und ihn mit dem geistigen Auge so lebendig wie möglich zu sehen. Das Produkt Ihrer Fantasie ist genauso wirklich wie der Stuhl oder Sessel, auf dem Sie gerade sitzen. Diese Vorstellungsbilder, die Sie Ihrem Geiste einprägen, werden in der materiellen Welt Gestalt annehmen. Wichtigste Voraussetzung ist allerdings, daß Sie beharrlich und unbeirrt daran festhalten.

Coué, der berühmte französische Psychologe sagte: „Stehen Ihre Wünsche und die Bilder Ihrer Fantasie im Widerspruch zueinander, so werden sich letztere immer als die stärkeren erweisen.“

Sie müssen sich also eine klare und bestimmte Vorstellung von dem machen, was Sie tun oder werden möchten. Verweilen Sie so lange wie möglich bei diesen mentalen Gedankenbildern und seien Sie bereits jetzt so dankbar wie Sie sein werden, wenn sich Ihr Wunsch erfüllt hat.

Es muß ein starker Wunsch nach Erfüllung des Vorhabens und nach Erfolg vorhanden sein.

Ein Chinesisches Sprichwort besagt: „Ein Bild ist mehr wert als 1000 Worte!“

Ist es Ihr sehnlichster Wunsch Rechtsanwalt zu werden, dann malen Sie sich, ganz egal wo sie sich im Augenblick beruflich oder schulisch befinden, das Endziel in allen Einzelheiten aus.

Begeben Sie sich an einen stillen und bequemen Ort, schließen Sie die Augen und versetzen Sie sich in einen geistig und körperlich entspannten Zustand. Dann tauchen Sie ein in das Reich der Fantasie. Gehen Sie durch die Räume Ihrer Kanzlei, probieren Sie Ihren neuen Chefsessel aus, arbeiten Sie Ihre Sekretärinnen ein, stellen Sie sich die Höhe Ihres Einkommens vor, und sehen Sie sich als der gerechteste und fähigste Anwalt vor Gericht. Sie müssen sich in die Rolle hinein leben, und sich die Erfüllung Ihres Wunsches in den prächtigsten Farben ausmalen. Verhalten Sie sich so, als wäre es bereits Wirklichkeit. Eine im Geiste beharrlich festgehaltene bildliche Vorstellung muß sich verwirklichen. Wenn Sie beständig an Ihrem Traumberuf festhalten, dann gibt es keine Macht im Himmel oder auf Erden, die Sie daran hindern kann, dieses Ziel zu erreichen.

Unsere Augen erkennen nur das, was in der sichtbaren Welt existiert. Aber unser inneres Auge kann die unsichtbare Welt wahrnehmen. Jedes Bild, das Sie auf der geistigen Ebene machen, bildet eine Form, und diese Form wird in der realen Welt Wirklichkeit werden. Die geistigen Bilder sind genauso echt wie der Baum, der vor Ihrem Haus steht. Im Vater unser wird auch auf diese Tatsache hingewiesen, wenn es heißt: ***„Wie im Himmel also auch auf Erden; wie im Geiste, also auch in der Wirklichkeit.“***

Wir können also Bilder mit unseren Gedanken formen, und wenn wir diese Bilder der göttlichen Substanz, dem Spirit, einprägen, werden die Dinge, die wir uns beharrlich vorstellen, sichtbare und greifbare Gestalt annehmen.

Deswegen ist höchste Vorsicht geboten, worauf wir unsere Aufmerksamkeit lenken. Verweilen wir nämlich bei Bildern, die ausdrücken, daß wir zu alt, nicht qualifiziert genug oder keinerlei Aussicht auf eine bessere Zukunft haben, dann werden sich diese Gedanken des Mangels und der Einschränkungen einprägen. Und genau diese aussichtslosen, unerfreulichen Umstände werden in unserem Leben ernste Wirklichkeit, weil wir selbst es sind, die unsere Lebensumstände gestalten. Ich kann Sie nur immer wieder darauf hinweisen, wie wichtig es ist, die Gedanken zu kontrollieren, und beständig an Ihrem Wunschbild festzuhalten, das in Zukunft in Ihrem Leben Gestalt annehmen soll. Der Weg zu Erfolg und Glück steht jedem Menschen offen. Durch das Wissen und die neu gewonnene Erkenntnis über diese geistigen Gesetze wird sich eine felsenfeste Überzeugung und Gewissheit einstellen, so daß Sie den idealen Arbeitsplatz erhalten werden, wie auch immer die wirtschaftliche Lage, die Kurse an der Börse, oder Krisen aller Art, aussehen mögen.

Machen Sie die Übung der bildlichen Vorstellung so oft wie möglich, jede freie Minute, verbringen Sie Ihre ganze Freizeit damit. ***Die Wichtigkeit dieser Übung kann nicht genug betont werden.*** Um so öfter und disziplinierter Sie Ihr Ziel auf der mentalen Ebene mit Gefühl und unbeirrbarem Glauben durchleben, um so schneller werden sich Ergebnisse einstellen.

Denn sobald sich eine Idee festgesetzt hat, muß sie sich früher oder später verwirklichen, außer eine andere Idee tritt an ihre Stelle.

Das bedeutet, wenn Sie einen Sonnenblumenkern in die Erde pflanzen, erhalten Sie eine Sonnenblume. Graben Sie aber den Kern wieder aus, und pflanzen an deren Stelle einen Olivenkern ein, so erhalten Sie einen Olivenbaum.

Der Traum von Afrika

Vor vielen Jahren hatte sich auch bei mir eine Idee festgesetzt.

Nachdem ich meine Heilpraktikerprüfung gemacht hatte, ließ mich der Gedanke, afrikanische Heilmethoden zu erlernen nicht mehr los. Die Idee nach Afrika zu reisen, um dort bei Medizinmännern altes Wissen über Heilmittel zu erfahren, wurde von Tag zu Tag stärker. Meine Gedanken kreisten stundenlang um dieses Thema. Vom finanziellen

Standpunkt aus war überhaupt nicht daran zu denken, in den nächsten Jahren dieses Vorhaben zu verwirklichen. Aber trotzdem beschäftigen sich meine Gedanken und Vorstellungsbilder ständig mit Afrika. Es vergingen einige Monate. Dann lernte ich meinen zukünftigen Mann kennen. Er erzählte mir, daß er sehr bald für längere Zeit ins Ausland müsse, weil er vor kurzem einen Arbeitsvertrag bei einer Baufirma in Nigeria unterschrieben hatte. Es vergingen keine drei Monate und ich lebte mit meinem Mann in Afrika.

Aber nun stellte sich heraus, daß es äußerst schwierig und gefährlich werden würde, überhaupt zu den Medizinmännern im Busch vorzudringen. Doch wie es das „Schicksal" wollte, gab es bald nach meiner Ankunft ein großes Projekteinweihungsfest mit den höchsten Persönlichkeiten des Landes und dazu gehörten neben dem Präsidenten auch die hochgeschätzten Medizinmänner. Ich konnte sie ganz aus der Nähe beobachten, und mir einen Eindruck verschaffen, als sie ihre einheimischen Tänze vorführten. Es war schon faszinierend, einmal aus nächster Nähe diese Rituale mitzuerleben. Aber während ich dem Treiben so zu sah, wurde mir schlagartig klar, daß ich eine völlig falsche Vorstellung von den Behandlungsmethoden dieser Menschen hatte.

Ab diesem Zeitpunkt widmete ich mich mit Leib und Seele der Homöopathie, mit der ich bereits begonnen hatte. Wäre ich aber nicht nach Afrika gekommen, hätte ich immer das Gefühl gehabt, etwas verpasst zu haben.

Das Leben in diesem faszinierenden Land und die vielen wundervollen Menschen, die ich kennen und lieben lernen durfte, war eine der größten Bereicherungen in meinem Leben. Ich erinnere mich noch gerne an unseren jungen Houseboy, der das Camp reinigte. Nach der Arbeit kam er immer zu mir und ich brachte ihm das Schreiben und Lesen bei. Er lernte mit großer Freude und Begeisterung und war so glücklich über jeden noch so kleinen Fortschritt, den er machte. Plötzlich hatte er Zukunftsträume und er erzählte mir, daß er nun bald einen richtigen Beruf erlernen könne, und er wüsste auch schon was.

Mit dieser Freude und der Dankbarkeit in seinem Herzen, hat er bestimmt das Beste aus seinem Leben gemacht.

Es ist manchmal sehr ratsam, seine Wünsche für sich zu behalten, denn die Gefahr der Verunsicherung durch die Unwissenheit oder den Neid anderer ist stets gegeben.

Machen Sie Ihren Wunschtraum lieber zu Ihrem kleinen Geheimnis, und stellen Sie Ihre Mitmenschen dann vor vollendete Tatsachen. Denn durch ein Gefühl von Verunsicherung können sich sehr leicht wieder Ängste und Zweifel einschleichen, die nur zu Verzögerungen Ihres Vorhabens führen. Wenn allerdings jemand in Ihrem Freundeskreis auch ganz bewußt nach den Gesetzen von Ursache und Wirkung lebt, und Ihnen in jeder Beziehung wohlgesonnen ist, dann können Sie über Ihr Geheimnis sprechen.

Vertrauen Sie auf Ihr Gefühl, und wenn die Beweggründe korrekt sind, lassen Sie sich von keinem Umstand und keinem Menschen von Ihrem Ziel abhalten. Gott hat Ihnen diesen Wunsch eingegeben, er kann sich ja nur durch Sie verwirklichen. Vielleicht hat er Ihnen die Voraussetzungen eingepflanzt, der beste Anwalt zu werden. Arbeiten Sie nicht auf der Konkurrenzebene, sondern auf der kreativen Ebene. Stellen Sie sich vor, Sie sind der Beste, und Sie werden der Beste. Stellen Sie sich vor, Sie haben ein gewaltiges Einkommen und Sie werden dieses Einkommen erreichen, ohne Tricks, ohne andere Kollegen zu manipulieren oder zu schädigen oder Falschaussagen abzugeben. Arbeiten Sie von der mentalen, der geistigen Ebene aus, zum Wohle der Allgemeinheit, dann wird Ihnen das Beste zuteil werden.

Affirmation

Das Glück deines Lebens hängt von
der Beschaffenheit deiner Gedanken ab.
Mark Aurel

Sprechen und Schreiben

Eine Affirmation ist eine Bejahung oder Bekräftigung von Gedanken und Worten. Jeder Gedanke und jede Aussage, von deren Wahrheit wir überzeugt sind, ist eine Affirmation, die je nach Intensität und Gefühl die entsprechenden Lebensumstände herbei führt und somit unsere Zukunft gestaltet.

Kreisen Ihre Gedanken ständig um die Ausweglosigkeit Ihrer Situation und sind Sie der festen Überzeugung, daß Sie nie wieder einen Arbeitsplatz bekommen werden, geschweige denn einen Beruf ausüben können, der Ihnen Freude bereitet, dann werden diese negativen Affirmationen für solche Umstände sorgen. Bei negativen Vorstellungen ist das Gefühl, das eine außerordentlich wichtige Rolle bei der Entstehung von Situationen spielt, meist stärker beteiligt, und deshalb kommt es auch schneller zu negativen Reaktionen. Sie kennen sicher alle das immens starke Gefühl, das den ganzen Körper durchdringt und das Blut zum Wallen bringt, wenn Sie Zorn oder Wut überfällt. Dieses durchdringende Gefühl muß in positive Bahnen gelenkt werden, dann kommt es zu außerordentlich erfreulichen Ergebnissen. Wenn Sie also Ihre Affirmationen sprechen, vergessen Sie niemals Begeisterung ins Spiel zu bringen, denn sie ist die Kraft, die zur Verwirklichung drängt.

Löschen Sie Ihr altes negatives Programm aus und programmieren Sie Ihr Bewußtsein neu mit den aufbauenden und wünschenswerten Gedanken, sprich positiven Affirmationen.

Eine bewährte Methode ist, sich ein Heftchen zuzulegen oder ein Blatt Papier zu nehmen und in der Mitte einen senkrechten Strich zu ziehen. In die linke Spalte tragen Sie alle negativen Gedanken, die Ihnen im Laufe des Tages bewusst werden ein, und in die rechte Spalte schreiben Sie dann die entsprechenden positiven Affirmationen.

Hierzu einige Beispiele:

Ich erreiche nie etwas.	Ich erreiche alles, was ich mir vornehme.
Ich bin ein Versager.	Ich bin ein Erfolgsmensch.
Keiner hilft mir.	Ich bekomme jede Hilfe, die ich brauche.
Ich werde nie wieder einen Arbeitsplatz erhalten.	Ich weiß, daß ich den besten Arbeitsplatz erhalte.
Ich kann mich auf nichts freuen.	Ich freue mich auf meinen Traumberuf.
Ich bin nichts wert.	Ich respektiere mich.
Ich verdiene immer weniger.	Ich erhalte eine Gehaltserhöhung, weil ich immer mein Bestes gebe.
Ich habe keine Geschäftskunden.	Ich ziehe jetzt die höchsten und besten Geschäftskunden in mein Leben.

Fragen Sie sich immer wieder bei Ihren vorherrschenden Gedankengängen: „Ist es das, was ich in meinem Leben erreichen oder erhalten möchte?“

Denn Ihre täglichen überwiegenden Gedankenmuster sind das Ergebnis Ihrer momentanen Situation. Überprüfen Sie deshalb sorgfältig Ihre Geisteshaltung, und schreiben Sie alle Worte und Sätze nieder, die nicht zu einem glücklichen Leben führen.

Wiederholen Sie nun den positiven Satz, der Ihnen am Wichtigsten erscheint so oft wie möglich, bis er ein Teil von

Ihnen wird. Um so kürzer die Sätze, um so schneller prägen Sie sich ein. Sie können auch eine Melodie hinzu fügen und ihn singen, bis er zu einem freudigen Ohrwurm wird.

Der ersehnte Anruf

Zu Beginn meiner Praxis hoffte ich jeden Tag aufs neue, es möge sich doch ein Patient melden. Ich studierte wieder die Bücher über positives Denken und fand dabei folgenden Satz: „Ich ziehe jetzt die höchsten und besten Patienten in mein Leben.“ Ich begann sofort mit voller Begeisterung, neben meinen anderen Vorstellungsbildern, noch diese Affirmation zu sprechen. Ich schlief mit diesem Satz ein und wachte mit dem Satz auf. Dabei stellte ich mir voller Freude immer wieder vor, wie das Telefon läutet und ein besonders liebenswürdiger Patient einen Termin wünscht. Es vergingen lange Wochen, bis endlich der ersehnte Anruf kam. Und tatsächlich, ich durfte ihn zu den höchsten und besten Patienten zählen. Da er an einer unheilbaren und sehr ernsten Krankheit litt, mussten wir viele Stunden mit ausgiebigen Gesprächen verbringen. Durch den intensiven Kontakt entwickelte sich auch eine unvergessliche Freundschaft. Die Zahl meiner Patienten wuchs nun stetig an, weil auch immer mehr Leute aus seinem Bekanntenkreis zu mir kamen.

Was auch immer Ihre Wünsche sind, wiederholen und bekräftigen Sie mit viel Gefühl die positiven Affirmationen, und der Erfolg wird sich einstellen. Versuchen Sie aber niemals Menschen zu manipulieren, weil das sehr negative Auswirkungen auf Sie hätte. Seien Sie versichert, daß der richtige Arbeitsplatz im richtigen Moment für Sie frei sein wird, oder der richtige Kunde, Patient oder Klient den Weg zu Ihnen finden wird.

Affirmationen müssen immer in der „ich bin oder ich habe“ Form gesprochen werden.

Versetzen Sie sich immer in die Situation, als wäre Ihr Ziel bereits Wirklichkeit geworden. Nur so werden die Umstände, die zur Verwirklichung Ihres Wunsches nötig sind, auf unfehlbare Weise zu Ihnen gelangen. Das, was Sie in der unsichtbaren Welt als wahr ansehen, wird auch in der sichtbaren Welt in Erscheinung treten.

Wenn es Ihr absoluter Wunschtraum ist, Rechtsanwalt zu werden, dann wiederholen Sie immer wieder die Affirmationen, daß Sie bereits der beste Anwalt sind, auch wenn Sie vielleicht gerade erst den Hauptschulabschluss gemacht haben. Stellen Sie sich vor, wie Sie in Ihrer eigenen Kanzlei einem Mandanten gegenüber sitzen, der voll des Lobes über Ihre geleistete Arbeit spricht. Gehen Sie im Geiste durch Ihre Räume, probieren Sie den neuen Chefsessel aus, und wiederholen Sie immer wieder Ihre positiven Affirmationen.

Sprechen Sie die Affirmationen so oft es Ihre Zeit erlaubt mit Freude und viel Gefühl. Um so mehr Sie sich mit den neuen Affirmationen und der bildhaften Vorstellung beschäftigen, um so schnellere und bessere Resultate werden Sie erzielen. Nehmen Sie sich aber genug Zeit Ihr Ziel zu erreichen. Willentliche Anstrengungen und Ungeduld werden Ihre Projekt verzögern.

Von größter Wichtigkeit ist, daß die Übungen in körperlicher und geistiger Entspannung vollzogen werden. Wenn Sie sich verkrampfen und ein Ziel mit Gewalt verwirklichen wollen, dann wird das genaue Gegenteil eintreten. Ihre ersehnte Arbeitsstelle oder die gewünschte Gehaltserhöhung wird immer weiter von Ihnen wegrücken. Willentliche Anstrengungen und Ungeduld werden Ihr angestrebtes Projekt verzögern oder gar verhindern.

Versetzen Sie sich also in einen entspannten Zustand, lassen Sie den Film Ihres Traumberufes vor Ihrem geistigen Auge ablaufen, und wiederholen Sie in aller Ruhe mit Freude und Begeisterung Ihre Affirmationen.

Machen Sie Ihre Affirmationen zu Ihrem ständigen Begleiter. Sprechen Sie die Worte am besten laut und schreiben Sie auch die Sätze 1- 3 mal täglich 15 mal. Richten Sie Ihre gesamte Aufmerksamkeit auf Ihr positives Ziel. Die Grundlage Ihres Erfolges liegt in der Beständigkeit und dem tief empfundenen Gefühl. Die Affirmation muß zu einer machtvollen Überzeugung werden.

Wer beharrlich an seinem Traumberuf festhält, für den gibt es keine Macht im Himmel und auf Erden, die Sie hindern könnte, dieses Ziel zu erreichen.

Segnen

Alles was man segnet,
kommt als Segen zurück.

In früheren Zeiten gab es ein altes Geheimnis, das zu Glück und Erfolg führen sollte. Es war die Macht des Segnens. Die Menschen damaliger Zeit waren davon überzeugt, daß dem Akt des Segnens die größte Kraft innewohnt.

Segnen heißt, für eine Situation oder Menschen Gutes zu erwarten. Und in dem wir das Gute erwarten, aktivieren wir es und erfreuliche Ereignisse werden sich daraus ergeben.

Wenn Sie Menschen oder Situationen kritisieren oder verurteilen, dann werden nur noch mehr Probleme und unangenehme Ergebnisse auf Sie zukommen.

Nehmen wir einmal an, Sie üben Ihren Traumberuf bereits aus, aber Ihre Kollegen oder der Chef nehmen Ihnen durch Intrigen oder Mobbing den Spaß an der Arbeit. In diesem Fall werden Sie eine positive Lösung durch das Segnen Ihrer Mitmenschen erfahren. Segnen bedeutet auch Loslassen, Freigeben und sich nicht länger in negativer Weise mit der Situation zu beschäftigen. Durch das Segnen übergeben Sie die Schwierigkeiten einer höheren Macht, die, da sie unfehlbar ist, die besten Ergebnisse hervorbringen wird. Verharren Sie einfach in einer positiven Erwartungshaltung und freuen Sie sich auf den guten Ausgang der Situation. Lassen Sie sich nicht aus der Ruhe bringen und segnen Sie jeden Angriff, der auf Sie gerichtet ist. Segnen Sie Ihren Arbeitsplatz, die Kollegen, den Chef, Ihr Telefon und alles was mit Ihrer Arbeit zu tun hat. Die Kraft des Segnens wird entweder dafür sorgen, daß bei den Mitarbeitern eine Klärung oder ein Wechsel eintritt, oder daß Ihnen eine neue Arbeitsstelle angeboten wird, die sehr wahrscheinlich auch noch eine Verbesserung Ihrer Lage mit sich bringen wird.

Segnen führt zur Umsatzsteigerung

Das Segnen zeigt auch seine Wirkung, wenn Sie Besitzer eines Ladens sind und den Umsatz steigern wollen. Segnen Sie zusätzlich zu den positiven Affirmationen und Vorstellungsbildern Ihre Waren, Bestände, die Kunden, das Telefon, Fax, die Zulieferer, einfach alles was mit Ihrem Geschäft zu tun hat. Eine Patientin, die kurz vor dem Konkurs stand, begann auf mein Anraten hin, unermüdlich ihre Warenbestände, die Räume und Kunden zu segnen. Der Aufschwung ließ nicht lange auf sich warten, und nachdem sie auch noch ihre positiven Vorstellungsbilder kultivierte, steigerte sich ihr Umsatz gewaltig.

Egal in welcher schwierigen Lage Sie sich gerade befinden, oder in welchem Beruf Sie arbeiten, Segnen bringt immer reichlichen Segen.

Alles was Sie segnen, wird auch Sie segnen.

Stille Gedanken

Dein Wille geschehe!

„Gott will nicht die Verkümmerung
und Verarmung,
sondern das ständige Wachstum
und Reichwerden,
die fortschreitende Vervollkommnung
und Vollendung aller Wesen.“
Sapiens

„Nicht mein Wille, sondern der Wille des Allwissenden, Allerhöchsten möge sich in dieser Situation manifestieren!“

Mit diesem Ausspruch übergeben Sie Ihr Problem der Allmacht, die immer für alle Beteiligten eine vollkommene und erfreuliche Lösung bringen wird. Sie vertrauen sich dem Gott der Liebe an, dem das Beste gerade gut genug für Sie ist. Es ist sein Wunsch, daß es uns gut geht und wir von dem Geschenk des freien Willens Gebrauch machen.

Wenn Sie also den Mut aufbringen Ihre Situation einer höheren Macht zu übergeben, dann wird diese Ihr Problem mit Freude übernehmen und geradewegs zur Verbesserung Ihrer Lage beitragen. Vertrauen Sie auf diese mächtige Kraft und erwarten Sie das Höchste und Beste in Ihrem Leben. Behalten Sie Ihren Wunsch immer in Ihrer Vorstellung und seien Sie davon überzeugt, daß sich Ihr Traum zur rechten Zeit verwirklichen wird, oder etwas Besseres in Ihr Leben tritt. Diese positive Feststellung und Erwartungshaltung muss Sie ständig begleiten.

Wenn Ihr Geschäft stagniert, wichtige Aufträge ausbleiben oder sonstige Schwierigkeiten Sie belasten, dann wiederholen Sie immer wieder den Satz „ Dein Wille geschehe, o allmächtiger Vater der Liebe“, oder „Dein Wille geschehe, wie im Himmel also auch auf Erden“ wie es im „Vater unser“ vorkommt.

Ein Gefühl der Ruhe und der freudigen Erwartung auf etwas ganz Besonderes wird Ihren Körper durchströmen. Seien Sie überzeugt, daß sich der Beginn eines neuen Aufschwungs auf Sie zubewegt, welcher Gestalt auch immer.

Verschwenden Sie also keine Zeit mehr damit, über Ihre missliche Lage nachzudenken, oder womöglich anderen die Schuld zuzuweisen.

Denken Sie ab jetzt nur noch über die erfreulichen Dinge nach, die auf der unsichtbaren Ebene bereits Form angenommen haben und jederzeit Wirklichkeit werden können.

Sein Wille geschah!

Vor vielen Jahren arbeitete mein Mann bei einer Baufirma, die ihn immer wieder mit Auslandsaufträgen betraute. Diese Projekte wurden gut bezahlt und so konnten wir die zusätzliche finanzielle Belastung durch monatliche Zahlungen an die erste Familie meines Mannes gerade so bestreiten.

Doch durch widrige Umstände wurde der nächste Auftrag immer wieder verschoben und der finanzielle Druck mit jedem Tag größer. Die Situation war untragbar und so suchte mein Mann täglich die Zeitung nach anderen Auslandsangeboten ab. Bald stieß er auf eine vielversprechende Anzeige und bekam sofort einen Termin für ein Vorstellungsgespräch im 700 km entfernten Düsseldorf.

Mein Mann nahm sich sofort den nächsten Tag frei, und wir starteten sehr früh am Morgen die Reise. Wie sich am Nachmittag herausstellte, hatte sich die Fahrt gelohnt, denn er kam nach dem Vorstellungsgespräch mit äußerst erfreulichen Nachrichten zurück. Er erzählte, daß er unter etwa 100 Bewerbern, zu 95 % den Job bekomme, da er über die erforderliche, jahrelange Auslandserfahrung verfüge.

Zwei Tage später kam auch schon der ersehnte Rückruf der Firma mit der definitiven Zusage. Sie baten meinen Mann, sein Arbeitsverhältnis so schnell wie möglich zu beenden, da der nächste Auslandseinsatz schon in zwei Monaten stattfinden sollte.

Mein Mann erklärte seinem Chef die Situation und dieser willigte ein, daß die Beendigung des Arbeitsverhältnisses bereits einen Monat später in Kraft treten konnte. Wir warteten nun gespannt auf den neuen Vertrag der Düsseldorfer Firma.

Nach zwei Wochen erkundigte sich mein Mann nach dem Verbleib des Vertrages, wobei ihm mitgeteilt wurde, dass sie sich doch noch für einen anderen Bewerber entschieden hätten.

Die Situation war niederschmetternd, wir standen vor dem Nichts. Durch die frühzeitige Kündigung hatten wir natürlich auch den Anspruch auf Arbeitslosengeld verloren. An die Ausübung meines Berufes konnte ich zu diesem Zeitpunkt nicht denken, weil mein kleines zweijähriges Mädchen, unser Hund und der afrikanische Kater meine ganze Zeit in Anspruch nahmen.

Wir beschlossen sofort nach München in eine kleinere Wohnung umzuziehen, da in der Stadt die Chancen auf Arbeit höher waren. Wir mussten nun innerhalb von vier Wochen, in denen mein Mann noch angestellt war, eine Wohnung finden, denn ohne nachweisbares Einkommen sind die Aussichten auf einen Mietvertrag gleich Null. Unsere Ersparnisse gingen zur Neige und als Arbeitsloser einen Kredit zu bekommen war mehr als aussichtslos. Unsere Lage war also nach allen Seiten hin wahrlich mehr als aussichtslos.

Nun fingen wir sofort an uns intensiv mit Büchern über positives Denken zu beschäftigen. Es gab darin einige Passagen über die wunderbringende Wirkung des Segnens und so begannen wir alles, das uns und unsere Situation betraf und natürlich auch die Düsseldorfer Firma, zu segnen. Tag und Nacht wiederholten wir die gleichen paar Worte: „Dein Wille geschehe".

In kürzester Zeit fanden wir eine geeignete Wohnung, sogar mit einem kleinen Garten, und dank einer Geldleihgabe einer guten Freundin konnten wir diese auch mieten.

Doch für meinen Mann war es aussichtslos in so kurzer Zeit eine Arbeitsstelle zu finden. Immer, wenn wieder ein neuer Verzweiflungsschub uns zu überkommen drohte, lasen wir unermüdlich die Seiten in den Büchern und füllten unseren Geist mit positiven Gedanken an.

Nach etwa zwei Monaten intensiver Übungen rief die Firma aus Düsseldorf erneut bei uns an und teilte meinem Mann mit, daß sich der Termin für das Auslandsprojekt um einen Monat verschoben hatte und sie dringendst noch einen weiteren Mann suchten. Sie könnten ihm sofort einen unterschriebenen Arbeitsvertrag zuschicken, wenn er die Stelle immer noch wollte. Und er wollte!

Am 30. April war der Umzug nach München und bereits am nächsten Morgen, dem 1. Mai bestieg mein Mann die Maschine nach Kolumbien.

Stille Gedanken

Spiegeltechnik

Das Spiegelbild ist die Reflektion der Seele.

Stellen Sie sich vor einen Spiegel und sprechen Sie mit Ihrem Spiegelbild. Sie können all Ihre Ziele und Wünsche dem Spiegel erzählen. Er ist ein geduldiger Zuhörer. Die Spiegeltechnik ist eine der ältesten Techniken der Menschheitsgeschichte. Sagen Sie Ihrem Spiegel mit allem Nachdruck, was Ihr Wunsch ist und er wird sich verwirklichen.

Auch wenn Sie Probleme mit Ihrem Selbstwertgefühl haben, stellen Sie sich vor Ihren Spiegel und wiederholen Sie in einem energischen Ton immer wieder: „Ich bin ein Erfolgsmensch, ich respektiere mich, ich bin großartig, ich habe mein Ziel erreicht."

Alle Affirmationen, die Sie zum Erreichen Ihrer Ziele benötigen, können Sie in Ihren Spiegel sprechen. Schauen Sie sich in die Augen und sagen Sie zu sich: „Ich habe es geschafft, ich bin der beste, ehrlichste und gerechteste Rechtsanwalt." Was auch immer Ihr Traumberuf sein mag, stellen Sie sich vor den Spiegel und bejahen Sie kraftvoll Ihre Wünsche.

Traumtechnik

Träume sind Wegweiser zum Glück.

Träume sind keine Schäume, wie es so oft im Volksmund zu hören ist. Träume sind ein wertvolles Gut, und wir sollten uns voller Dankbarkeit über jeden Traum freuen. Denn er kann uns vor Gefahren warnen, uns Hinweise zu bestimmten Themen liefern, umwälzende Ideen verraten, oder uns zu unserem Traumberuf führen. Träume können uns den richtigen Weg weisen, und uns auch vor Fehlern bewahren.

Wenn sie also ein Problem haben, dann wenden Sie die folgende Traumtechnik an, und Sie werden Aufschluss über Ihre Zukunftsplanung erhalten.

Kurz vor dem Einschlafen sprechen Sie zu dem allwissenden Geist in Ihrem Inneren:

„Du bist allwissend, du kennst meine Zukunft und weißt, was das Beste für mich ist.

Ich werde diese Nacht träumen und mich morgen früh genau an diesen Traum erinnern. Die Lösung meines Problems (Wo finde ich den richtigen Arbeitsplatz, welches ist das richtige Studium, welche Aufgabe passt zu mir, oder zeige mir den nächsten Schritt in meinem Leben) wird mir im Traum gegeben. Ich danke für die schnelle und klare Antwort.

Legen Sie sich immer Papier und Bleistift neben das Bett, damit Sie sofort Notizen machen können.

Die Träume werden Ihr unfehlbarer Führer sein. Seien Sie also gespannt, und freuen Sie sich auf die nächsten Tage und Wochen. Es ist auch möglich, daß Sie im Tagesgeschehen Antworten auf Ihre Frage erhalten. Wachsamkeit ist jetzt geboten.

Eine berufliche Traumerfahrung

Meine Tochter wollte im Zuge ihrer beruflichen Laufbahn eine bestimmte Schule besuchen. Sie war sich jedoch nicht sicher, ob es auch die richtige Schule für sie sei. Da kam ihr ein Traum zu Hilfe, der ihr bei der Entscheidung half.

Sie träumte, daß sie im Klassenzimmer dieser Schule saß und an einem Probeunterricht teilnahm. Um sie herum saßen viele Menschen, die sie im Laufe ihres Lebens kennengelernt hatte. Es waren aber ausschließlich Menschen, die sie nicht mochte. Sie waren laut, und in ihrer Art sehr arrogant und überheblich. Sie zeigten auch keinerlei Interesse für den Unterricht. Meine Tochter fühlte sich sehr unwohl in dieser Gesellschaft.

Am nächsten Morgen erzählte sie mir von diesem Traum, und ihrem Entschluss diese Schule nicht zu besuchen. Er hatte ihr deutlich gezeigt, daß sie dort nicht die richtige Gesellschaft hätte, um gute berufliche Ergebnisse zu erzielen. Über eine andere Schule erfuhr sie dann, daß dieses Studium auch als Heimstudium angeboten wurde. Dieses Heimstudium läßt ihr jetzt auch noch die Zeit Kinderbücher zu schreiben, dessen Titel und Geschichten sie auch in einem Traum erfuhr. Der erste Band heißt ***„Lilia, die kleine Traumfee“.***

Vertrauen Sie Ihren Träumen, Sie können Ihr Leben in jeder Hinsicht bereichern und auch bei wichtigen Entscheidungen hilfreich sein.

Stille Gedanken

Das Gesetz der umgekehrten Wirkung

Misserfolg ist der
Garant willentlicher Anstrengung.

Jedes Ziel, das Sie mit geistiger Gewaltanstrengung erreichen wollen, ist automatisch zum Scheitern verurteilt, und führt grundsätzlich das Gegenteil dessen herbei, was Sie sich wünschen. Versuchen Sie deshalb niemals das gewünschte Ziel mit reiner Willenskraft zu erreichen.

Ihren Willen müssen Sie lediglich dazu aufbringen, Ihre Vorhaben in der richtigen Weise des Denkens und Fühlens in Angriff zu nehmen. Und Sie müssen Ihren Willen dazu einsetzen, den Kurs zu halten, worauf Ihre Ziele gerichtet sind.

Aber die Techniken zum Erreichen des Traumberufes müssen in völliger Losgelöstheit von jeglicher Willensanstrengung ausgeführt werden, geduldig und ohne Anstrengung.

Wenn Sie eine Prüfung vor sich haben und mit starrer Willenskraft ein gutes Ergebnis herbeiführen wollen, dann wird diese verkrampfte Geisteshaltung alles Gelernte scheinbar spurlos aus Ihrem Gedächtnis verschwinden lassen. Je mehr Sie sich anstrengen, um so weniger wird Ihnen einfallen. Aber in dem Moment, in dem Sie den Prüfungsraum verlassen, und somit der seelische Druck weicht, strömt die Erinnerung zurück und plötzlich könnten Sie jede Frage beantworten. Das übermächtige Bemühen hat das Gesetz der umgekehrten Wirkung in Gang gesetzt, und Versagen war die Folge.

Wenn wir glauben, wir müssten eine gewaltige Kraftanstrengung anwenden, rechnen wir ja schon von vornherein mit Widerstand.

Je heftiger Sie sich also bemühen, Ihr Ziel zu erreichen, um so mehr Schwierigkeiten werden Sie zu überwinden haben.

Versuchen Sie deshalb niemals ein Ziel erzwingen zu wollen, weil genau das Gegenteil eintreffen wird.

Äußerste Priorität hat deshalb die Entspannung. In diesem Zustand sind alle bewussten Anstrengungen weitgehendst ausgeschaltet. Jetzt können Sie Ihre Zukunftsvisionen mit dem geistigen Auge in allen Variationen durchspielen und sich auf die Erfüllung Ihres Wunsches freuen. Denken Sie auch stets daran, daß bei Ihrem Vorstellungsbild immer ein starkes emotionales Gefühl der Freude und Begeisterung dabei sein muß.

Ralph Waldo Emerson sagte:

„Nichts wurde je ohne Begeisterung erreicht.“

Stille Gedanken

Bachblüten

Andere erkennen ist weise.
Sich selbst erkennen ist Erleuchtung.
Laotse

Die Bachblüten sind ein großes Hilfsmittel, um Selbsterkenntnis zu gewinnen. Es kommt gar nicht so sehr darauf an, ob Sie nun die Blütenessenzen einnehmen oder nicht. Der erste und wichtigste Schritt zum Vorwärtskommen ist allein die Erkenntnis darüber, welches Fehlverhalten uns in eine Situation brachte oder bringt, die uns Freude und Glück vorenthält.

Die Ursache dafür, daß Sie also arbeitslos sind, den falschen Beruf oder Arbeitsplatz haben, ist lediglich auf die negativen Charaktereigenschaften zurückzuführen, die es zu erkennen gilt. Dr. Bach hat diesen Eigenschaften Blüten zugeordnet, die mit ihrem Schwingungspotential in der Lage sind, eine positive Veränderung zu bewirken und somit den Weg zu Ihrem Traumberuf freimachen.

Hindernisse auf dem Weg zum Traumberuf

Bachblüten	***Hindernisse***	***Förderung***
Gentian	Pessimismus	Optimismus
Cerato	Unsicherheit	Sicherheit
Walnut	Stagnation	Neubeginn
Gorse	Hoffnungslosigkeit	Hoffnung
Holly	Haß, Neid	Liebe
Willow	Schuldzuweisung	Selbstverantwortung
Clematis	Träumer	Kreativität
Mimulus	Angst	Mut
Larch	Minderwertigkeit	Selbstwertgefühl
Scleranthus	Unentschlossenheit	Entschlossenheit

Das Leben und Wirken des Dr. Edward Bach

Die Bachblüten haben ihren Namen von dem berühmten englischen Arzt Dr. Edward Bach (1886-1936), der sein ganzes Leben der Medizin und der Suche nach einer schonenden, natürlichen Heilmethode verschrieben hatte.

1912 absolvierte er sein Medizinstudium. Darauf folgten Erfolgsjahre u. a. auch durch seine bahnbrechenden Forschungen an Darmbakterien. Er war Unfallchirurg, Bakteriologe, hatte eine eigene Praxis und Forschungslaboratorien, in denen er immer vier Ärzte beschäftigte. Außerdem war er Dozent an der Londoner Universität und Chefbakteriologe am Londoner Homöopathischen Krankenhaus. Er war eine herausragende Kapazität auf dem Gebiet der Medizin und ein gefragter Ratgeber für Ärzte aus aller Welt, auch was die Homöopathie betraf.

Doch bei all seinem Forschungsdrang und medizinischen Kenntnissen über Krankheitserreger und Symptome ließ er nie den Menschen und dessen Psyche außer Acht. Er widmete von Anfang an einen Großteil seiner Zeit der genauen Beobachtung jedes einzelnen seiner Patienten. So kam er bald zu dem Schluss, daß die Krankheit nicht ein rein körperliches Problem sein kann. Die wahre Ursache von Krankheit muß also eine Störung der Einheit von Körper, Geist und Seele sein. Diese wiederum entsteht im täglichen Leben durch störende Einmischung anderer Menschen in unser Leben oder durch Einmischung in das Leben anderer Menschen, die wir selbst uns anmaßen.

Um uns auf Fehler in der Beziehung zu uns selbst oder zu anderen sowie in unserem Denken und Handeln aufmerksam zu machen, benutzt die Seele unseren Körper bzw. die Krankheit.

Somit ist also nach Dr. Bachs Auffassung „der Gesundheitszustand ablesbar vom Grad unserer Zufriedenheit." Diese kann erreicht werden, indem wir uns an den kleinen Dingen des Lebens erfreuen und ***das tun, was wir wollen und uns glücklich macht.***

Für Dr. Bach stand also fest, daß es nicht die Krankheit mit all ihren Symptomen ist, die bekämpft werden muß. Unsere negativen Gedankenmuster und Verhaltensweisen müssen durch Positive ersetzt und nicht die Krankheit, sondern der Patient muß behandelt werden. So wird die Harmonie in Körper, Geist und Seele wieder hergestellt.

Da er nun mit diesem Wissen an die Grenzen der klassischen Medizin gestoßen war, gab er 1930 seine Arbeit als Schulmediziner auf. In der Natur wollte er nun die passende Heilmethode finden, die sich positiv auf die Persönlichkeit des Menschen auswirkt.

Sechs Jahre lang führte ihn seine Intuition durch die Wälder und Wiesen Englands. Schließlich fand er durch eigene Erfahrungen und seinen ausgeprägten Spürsinn für Schwingungen achtunddreißig Blüten, die er achtunddreißig Persönlichkeitsmerkmalen zuordnete. Damit hatte er nun eine neue Heilmethode entdeckt, die durch Selbsterkenntnis nicht nur zur Heilung, sondern auch zu einem positiveren und glücklicheren Leben führt.

Bachblüten und Beruf

Dr. Bach vertrat die Ansicht, daß wir unsere Lebensaufgabe und somit den Weg zur Entfaltung und Vervollkommnung nur dann erfolgreich beschreiten können, wenn wir Zugang zu unserer Seele bekommen. Bei dem einen Menschen ist dieser Weg durch Angst, bei einem anderen durch Mangel an Entschlossenheit oder Zweifel und Hoffnungslosigkeit versperrt. Dank der Bachblütenessenzen können wir den verschütteten Kanal freilegen und unsere wahren Eigenschaften, wie Intuition, Mut oder Zielstrebigkeit zum

Ausdruck bringen, und mit Freude auf unseren Traumberuf hinarbeiten.

Die Bachblüten können uns also nicht nur dabei helfen, Krankheiten zu heilen, sondern eben auch die Hindernisse, denen wir auf dem Weg zum Traumberuf begegnen, zu beseitigen.

Ich möchte hier noch eine weitere Bachblüte anführen, die mit dem Beruf zu tun hat. Es ist die Bachblüte

Wild Rose

Sie holt Menschen aus ihrer Lethargie. Es sind Menschen, die keinerlei Interesse und auch keinerlei Antrieb für irgendeine Arbeit zeigen.

Anwendung

Die Bachblüten haben also die Kraft, bei regelmäßiger Einnahme der Tropfen, negative Charaktereigenschaften, die Sie am Erreichen Ihrer Ziele hindern, in positive umzuwandeln. So wird aus dem Pessimisten ein Optimist und aus dem Verängstigten ein zielstrebiger und mutiger Mensch.

Wenn Sie sich nun in einer oder mehreren der Bachblütencharaktere wiedererkannt haben, können Sie täglich ein paar Tropfen unterstützend zu den Affirmationen einnehmen. In der Apotheke erhalten Sie die Bachblüten entweder einzeln als sog. Stockbottle mit Bachblütenkonzentrat oder bereits als Mischung in verdünnter Form.

Aus dem Bachblütenkonzentrat können Sie Ihre individuelle Mischung auch selbst herstellen. Dafür eignet sich am besten ein Arznei- oder Tropfenfläschchen (20-50 ml). Das füllen Sie mit 2/3 stillem Wasser und 1/3 Weinbrand zur Konservierung. Dazu geben Sie einen Tropfen aus der

Stockbottle auf je 10 ml Wasser. Wenn kein Alkohol erwünscht wird, kann anstelle von Weinbrand auch Apfelessig verwendet werden. Nicht zu empfehlen ist destilliertes Wasser. Von der fertigen Mischung nehmen Sie nun pro Tag 4 x 4 Tropfen ein. Am besten ist es, Sie nehmen die Ersten gleich nach dem Aufstehen und die Letzten kurz vor dem Schlafengehen. Sie können aber auch nach Ihrem Gefühl entscheiden.

Befinden Sie sich im Augenblick in einer außergewöhnlichen Stimmung von Hoffnungslosigkeit oder Verzweiflung, dann geben Sie einfach in ein Glas Wasser, je nach Größe, 2-4 Tropfen aus der Stockbottle der entsprechenden Bachblüten. Trinken Sie davon schluckweise, bis Sie sich besser fühlen.

Prüfungen und Vorstellungsgespräche

Notfalltropfen auch Rescue Remedy genannt sind eine fertige Bachblütenmischung, die bei Prüfungen oder Vorstellungsgesprächen sehr zu empfehlen ist. Sie beinhalten Bachblüten, die das Gemüt beruhigen und die Angst dämpfen.

Man kann ein bis zwei Tropfen direkt auf die Zunge träufeln oder in ein Glas Wasser geben und schluckweise davon trinken. Es gibt keine Gefahr der Überdosierung.

Wenn die Gefahr eines Blackout besteht, dann nehmen Sie täglich die ***Bachblüte Elm*** über einen längeren Zeitraum ein.

Weitere Bücher der Autorin Christel Clausnitzer

„Das Besondere Bachblüten Malbuch“
ISBN 3-934101-07-0

Dieses Malbuch, das besonders auf Schulprobleme ausgerichtet ist, bietet einen Einstieg in die Bachblütentherapie. Es beinhaltet liebevolle und lehrreiche Bilder mit den passenden Reimen.

Neuerscheinungen der Autorin Christel Clausnitzer 2006

„Bachblüten und Steine enthüllen das Geheimnis von Konzentrationsstörungen und Schulproblemen“
ISBN 3-934101-24-0

Wer die unbeschreibliche Kraft der Konzentration erkannt hat und sie beherrscht, gehört zu den Erfolgsmenschen, sei es in der Schule, beim Studium oder im späteren Berufsleben. Bachblüten und Steine verfügen über außergewöhnliche Kräfte und sie bewirken, daß die Ursachen für Konzentrationsprobleme, wie Angst, Minderwertigkeit, Unentschlossenheit und vieles mehr, behoben werden.

Dieses äußerst wichtige und lehrreiche Buch mit seinen lebendigen Geschichten und klaren Beschreibungen sowohl der Bachblüten, als auch der genau dazu passenden Steine, hilft Ihnen die Merkmale an Ihrem Kind besser und schneller zu erkennen. Auch die einprägsamen Bilder mit dem jeweiligen charakteristischen Gesichtsausdruck des Schülers bringen Ihnen die Bachblüten auf einfachste Weise näher.

„Akne heilen und gesund werden“
ISBN 3-934101-15-1

Heilen Sie Ihre Akne, werden Sie wieder gesund und glücklich. Dieses Buch gibt jedem, den dieses Hautproblem quält, einfache Anwendungen, die er selbst problemlos zu Hause durchführen kann. Vor allem die Macht der Farbtherapie wird Sie mit Sicherheit erstaunen.

Die Bachblüten-, Edelstein- und Farbtherapie sowie der kinesiologische Test werden so klar und präzise in ihrer Anwendung und Wirkung beschrieben, daß dieses Buch auch für praktizierende Heilpraktiker und alternative Ärzte ein geeignetes und aufschlussreiches Nachschlagewerk darstellt. Stellen Sie sich Ihrem Inneren und heilen Sie ihr Äußeres.

Kinderbücher 2006

„Himmlische Bachblütengeschichten“
Band 1 „Wo ist Impatiens?“
Band 2 „Dr. Hornbeams Krankenhaus“

„Lilia, die kleine Traumfee“
von Caroline Clausnitzer